云山七日精粹行

YUNSHAN QI RI JINGCUI XING

朱苏权　朱晴鹤　潘小娴　著

SPM 南方传媒　广东人民出版社
·广州·

图书在版编目（CIP）数据

云山七日精粹行 / 朱苏权，朱晴鹤，潘小娴著 . —
广州：广东人民出版社，2025.9
ISBN 978-7-218-17532-4

Ⅰ . ①云…　Ⅱ . ①朱…　②朱…　③潘…　Ⅲ . ①旅游指南—白云区　Ⅳ . ① K928.965.4

中国国家版本馆 CIP 数据核字（2024）第 082561 号

YUNSHAN QI RI JINGCUI XING
云 山 七 日 精 粹 行

朱苏权　朱晴鹤　潘小娴　著

出 版 人：肖风华

责任编辑：陈泽洪
责任技编：吴彦斌

出版发行：广东人民出版社
地　　址：广州市越秀区大沙头四马路10号（邮政编码：510199）
电　　话：（020）85716809（总编室）
传　　真：（020）83289585
网　　址：https://www.gdpph.com
印　　刷：广东鹏腾宇文化创新有限公司
开　　本：890 mm × 1240 mm　1/32
印　　张：10.125　　**字　　数**：200千
版　　次：2025年9月第1版
印　　次：2025年9月第1次印刷
定　　价：58.00元

如发现印装质量问题，影响阅读，请与出版社（020-85716849）联系调换。
售书热线：（020）87716172

序

慢慢走，欣赏啊

云山苍苍，珠水茫茫。

白云山，是广州市最基本的地理坐标和文化坐标之一。

历史上，曾被不同朝代评选为“羊城八景”的景泰僧归、蒲涧濂泉、白云晚望、白云松涛、云山锦绣等广州市知名的传统美景，都坐落在白云山上；古人称颂广州城市格局最秀美的特色是“六脉皆通海，青山半入城”。如今，在古代只是半入城郭的自然青山——白云山，早已完全融入现代化广州大都会之中，成为城市生态调节和市民雅游休闲的不可或缺的美妙景致；数千年来，岭南文化的众多细节，都在白云山上留下了深刻的烙印。因此，正如广东省社科院张振金教授所言：“半部岭南文化史，都要从白云山讲起！”

身处广州城的我们，包括热爱广州的各位外地游客，如果没能主动深入地了解广州城的自然地标和文化地标白云山的话，显然我们对羊城特色风光和文化底蕴的认识，是很不够的。

了解白云山，直接去登山游览当然是最简便易行的方式。但是，攀登白云山到底需要耗费多少时间，到底有哪几条线路可供选择，到底应该通过哪些角度去展开游赏呢？许多已经多次攀登过白云山的市民、游客，可能都没有考虑过这些问题。于是，很多人从白云山上走下来，便有些索然寡味地说："白云山不就是一座小土丘吗？我辛辛苦苦转了一大圈，什么都没有看到。"

白云山真的只是一座可以一览无余的小土丘吗？当然不是！

白云山海拔不算太高（主峰摩星岭，海拔382米），给人最初的印象是，似乎它并没有多少值得认真探究的地方。然而，不知道大家有没有注意到，早在2011年，白云山就已经成为广州市区内第一座国家5A级旅游景区了！

5A级，是中国旅游景点建设的最高等级。这意味着，在全国众多风景名胜区中，门票只要五元钱、在我们眼中怎么看都有点其貌不扬的广州白云山，跟长城、故宫、九寨沟、张家界、长白山、黄山、华山、泰山、庐山等，是同一个等级的。

可以作为鲜明对比的是：许多门票动辄七八十元以上的景点，它们的旅游评级反而只是4A级，甚至4A级以下！

上述事实充分说明，白云山绝不会像我们初印象中那样，没有多少值得游赏的景观。关键在于，我们怎样去发现它的美，发现它的独特之处。

李白观敬亭山，感受到的是："相看两不厌，只有敬亭山”；柳宗元观永州八个极其幽僻的小景区，看到的是十分深刻的人生哲理；欧阳修观滁州琅琊山，四季各有风致：“野芳发而幽香，佳木秀而繁阴，风霜高洁，水落而石出”；辛弃疾观山：“我见青山多妩媚，料青山见我应如是”。那么，我们观赏白云山，又怎么能只看到一座干巴巴的小土丘呢?

白云山风景名胜区总面积达20.98平方千米。在如此辽阔的景区范围内，总有一条别具一格的游览线路，会给我们带来特别的享受；总有一个耳目一新的欣赏角度，适合不同的游览者。可是，热爱广州城、热爱大自然的我们，是否充分了解过或者充分探索过这些适合我们的独特游览线路或欣赏角度呢?

白云山的年客流量达千万人次，在这么多游客的共同关注和参与下，在广州市历届政府的长期大力支持下，白云山的建设发展日新月异，值得我们全方位对它进行细致的览观和推介。

作为攀登白云山长达25年之久、攀登次数高达2000次以上的“云山达人”，作为“中国自然好书”“羊城十大好书”《云山花事经眼录》的作者，我校退休教师朱苏权先生一家，很希望能有更多的机会向朋友们分享他们长期欣赏白云山的珍贵心得和快乐收获。

因此，经过深思熟虑之后，他们决定再撰写一部《云山七日精粹行》，争取进一步实现从“小家快乐”向“与众同乐”境界的升华。

《云山七日精粹行》，并非只是简单地、人为地拼凑出七天的游程，来向大家炫耀他们对白云山的了解有多么深入，而是景区辽阔、建设完备的白云山，原本就存在着七条以上的多彩游览线路和七种以上的独特游赏角度，值得我们各取所需，去发现各呈异彩的魅力，收获个性盎然的游趣。

“文化云山”“挑战云山”“健康云山”“艺术云山”“休闲云山”“研学云山”“奢华云山”：七天完全不同的游程，七条基本不重复的线路，七个纷繁多姿的视角。“七面云山”，涵盖白云山上170余处精粹景点，每一天的游踪都将呈现出各不相同的炫目姿彩，满足不同游客的不同游赏需求。

据朱光潜先生介绍，欧洲的阿尔卑斯山谷曾高悬着一句发人深省的哲语：“慢慢走，欣赏啊！”其实，文化深厚、自然辽阔的“千年南粤，无尽云山”，又何尝不是一处需要我们慢慢行走、细细欣赏的幽渺名胜呢？

“山中方七日，世上已千年。”用足七天时间，去深入、细致地欣赏一处著名的风景名胜区，这本来就是中华民族的美好传统。

生活在云山胜景旁的广州市民朋友，关注羊城美丽打卡地的各地热情游客朋友——

难道我们不应该考虑来一趟精彩纷呈的“云山七日精粹行”吗？

戴青云

2023年1月15日

（作者系广东技术师范大学校长、博士生导师）

目录

【第一天】

文化云山

【第二天】

挑战云山

【第三天】

健康云山

【第四天】

艺术云山

【第五天】

休闲云山

【第六天】

研学云山

【第七天】

奢华云山

第一天

文化云山

“山不在高，有仙则名。”

山势并不算特别巍峨壮丽的白云山，为什么有资格成为“羊城第一秀”呢？很重要的原因是有“仙”。

如果说许多名山的扬名，是因为传说曾经有一位或几位神仙生活其间的话，那么像广州白云山传说同时拥有二十九位神仙的奇幻踪迹，共同构成“二十九仙，济济云山”的文化奇观，则是其他许多名山都无可比拟的。白云山拥有的二十九仙，分别是我们在“文化云山”游程中将了解到的下列三个神仙群体：

蒲谷四仙——郑安期、葛洪、鲍姑、吕洞宾；

羊城祖仙——五羊仙人（五位）；

浮丘丈人——浮丘伯、浮丘叔。

以及，我们在“挑战云山”游程中将了解到的白云山第四个神仙群体——九龙仙人（九位）；和在“健康云山”游程中将了解到的，白云山第五个神仙群体——泰霞九仙（九位）。

这五组，共二十九仙的多样踪迹，为白云山笼罩上了浓厚的神话氛围。并且，由于中国古代神话正义性的价值导向，这些神话必将引导我们激浊扬清，劝善惩恶，逸兴遄飞，积极向上。

因此，我们欣赏云山，就应该迈入这些由古代人民创造的亦幻亦奇、想落天外的美妙神话氛围，探寻名山的神韵，增加游赏的兴味，扩展我们的想象思维，追求正义、反对邪恶。

古人心目中的“仙”，从现代视角来看，既是指各种神话传说中出现的具体神话人物，也是指浓厚的历史文化氛围。具体到白云山来说，二十九仙固然让白云山显得神异奇幻，而浓厚的历史文化氛围的笼罩，则更加凸显了白云山作为“文化名山”的独特魅力。所谓“山水因文化增辉，文化为山水添色”，说的就是这个道理。

正因为有了浓厚的历史文化氛围的加持，白云山作为一座自然风光并不算特别出彩的普通山体，才能让更多热爱岭南文明、渴望了解岭南文化的游客游兴大增，乐此不疲。

因此，我们欣赏白云山，一定要从欣赏文脉绵长的“文化云山”游程起步。

1
（约40分钟）

南门 — 云壑初探 — 蒲谷栈道 — 蒲谷

南门是广州白云山的正大门，多数初次接触白云山的朋友，都是从南门开始了解白云山的。经过一次又一次精心的建设打造，如今的白云山南门已经成为气势恢宏、管理规范、格外吸引游客们探胜的现代化景区门岗。

从南门出发，沿登山主道——云山南路前行，第一个到达的景点是云壑初探。

云壑初探，是云山美景的亮丽序章。溪涧潺潺，莺飞草长。绿树掩映中矗立着一个玲珑的小亭子，经常有热情的游人站在此处纵情高歌，或者展示各种音乐才华。仿佛每个人都乐意在此帮助岭南名山奏响“云山史诗”的第一篇乐章。

云壑初探亭的题额者，为中国著名书法家、印学艺术家、中国书法家协会理事，曾任广东省书法家协会主席的秦咢生（1900—1990）。亭柱上悬挂着一副嵌名“云壑”二字的对联：“云路迂回开胜景，壑崖深邃有仙踪。”这副对联既非常贴合云壑初探的美丽景致，又透露出白云山仙踪缥缈的独特文化氛围。

经过云蹬初探后，我们将进入蒲谷栈道，然后直抵蒲谷景区的上端。

蒲谷栈道，是白云山近年打造的一条旅行步道，既可以减缓登山的坡度，提高游赏的舒适度，又有利于开阔沿途视野，充分展现蒲谷溪涧的秀美风光；还能够在客流高峰时段帮助分散人流，使南门进山主道（云山南路）的游客感觉更加顺畅、闲适。夜晚，蒲谷仿木栈道虹彩璀璨、曲曲弯弯，“犹如一条金色的彩带，飞向山林的深处，飞向梦想的远方”，是一天中最佳的观赏时段。作为24小时开放的名山（白云山南门和西门均24小时开放，任何时间都可以进山游赏），这处夜间美景的增加，确实为游客们带来了新的更加美妙的体验。

蒲谷，因山谷中生长的一种草药植物石菖蒲而得名，是“游云山，访名仙，探文脉”的一段经典游程。在蒲谷，我们将探访二十九仙中的第一个神仙群体——“蒲谷四仙”。这四位神仙分别是郑安期、葛洪、鲍姑、吕洞宾。

郑安期，又叫安期生、郑仙、千岁仙翁。传说秦始皇时郑安期已经超过1000岁了，秦始皇曾在山东琅琊山遇见过他。因为羡慕千岁翁的高寿，秦始皇向郑安期请教长寿秘诀。但郑安期告诉秦始皇：你杀人太多，是不可能长寿的。秦始皇不相信，并且想采用强硬手段逼迫郑安期传授长寿秘诀。为了避开秦始皇的逼迫，郑安期只好从山东躲避到当时还非常偏僻荒凉的广州地区，隐居在人烟稀少的白云山里，采药炼丹度日。

此时，恰逢广州地区流行起了瘟疫，百姓被疾疫困扰，生活极为痛苦。于是，郑安期用自己从白云山上采集的“九节菖蒲”等灵药，为老百姓治病。很快，瘟疫得到控制，老百姓重新安居乐业。关于郑安期和“九节菖蒲”的神奇传说，便迅速流传开来。

远在咸阳的秦始皇听到郑安期在广州的消息，马上派人赶到白云山，想把郑安期带回去。

当年农历七月二十五，秦始皇的使者在白云山上找到了郑安期，但郑安期不愿意跟随使者回去。于是，他起身来到山势最陡峭的地方（今郑仙岩），毫不犹豫地飞身跃下山崖。恰在此时，从山崖边的鹤舒台上飞出一只仙鹤，把郑安期接住，飞入白云深处。从此，人间的千岁翁郑安期，正式升入仙班，成为中国古代神话传说中最著名的神仙之一。

郑安期乘鹤升仙的故事，在中华文化史上的影响极为深刻。自晋朝以来，文人对郑安期的诗词唱诵不计其数。李白的诗歌中曾5次提到郑安期；苏东坡、陆游等著名文人也都曾歌咏过郑安期。

东晋时期，广州刺史罗友首倡农历七月二十五（郑安期正式飞升之日）为“郑仙诞”。1600多年来，广州地区百姓曾一直保持着每年农历七月二十四晚上开始攀登白云山，次日凌晨礼拜郑仙，天亮后继续欢乐游赏的民俗。人们在“郑仙诞”期间登白云山，赏菖蒲、沐灵泉、祈夙愿，祈求身体健康，万事如意。

“郑仙诞”的盛况一直持续到民国后期，因抗日战争时期日军强行霸占整座白云山，将其建设成为军事基地，白云山才逐渐陷入了沉寂。近年来，在一批文化民俗专家的倡议和白云山风景名胜区管理局等部门的共同努力下，白云山正在努力逐步恢复“郑仙诞”这一极富岭南特色的地方民俗。

蒲谷景区现在有一组郑仙师徒在涧边采药的塑像：一个精神矍铄的老爷爷（郑仙）和一个活泼可爱的小孩子站立在蒲涧水边，郑仙一手拿着药锄，一手拿着一朵盛放的鲜花。这鲜花有点不合适，应该改为石菖蒲，毕竟郑仙在蒲谷的最著名的传说，就是他采到了可以让人健康长寿的灵药“九节菖蒲”呀！

现在的蒲谷也还生长着不少野生的石菖蒲。石菖蒲特别喜欢生长在潮湿阴凉、水质清澈，并且多石头的水涧环境中，古人盛赞它对生长环境的要求极其简单：“不假日色，不资寸土。”这种避世独立、安贫乐道式的生长风格，确实与神仙郑安期的仙风道骨颇为吻合。

不过，石菖蒲的药效并没有那么神奇，它只是众多中草药中的一种，只能医治少数特定的病症，并且还有副作用。因此，需要提醒游客们的是，千万不要自行去采挖蒲涧里的石菖蒲，以免既治不好病，又破坏了蒲涧非常脆弱的生态环境。

郑仙之后，晋朝时期的两位蒲谷“神仙”，是一对凡人夫妻，他们就是葛洪和鲍姑。东晋时期，这对夫妻曾在白云山蒲谷炼丹采药，修仙访道，为百姓治病，后逐渐被老百姓神化为仙人。旧濂泉寺侧（今濂泉路附近），曾有一口著名的鲍姑井（今已湮没）；今越秀山脚的三元宫里，仍有一座独立的鲍姑殿和一口鲍姑井。这些，都是广州老百姓纪念鲍姑神的地方。广州民俗称妇女生病时，求助鲍姑神是最灵验的。

而葛洪作为中国古代著名的道教理论家、炼丹家和医药学家，他的著作《抱朴子》和《肘后备急方》等，至今仍影响巨大。众所周知，屠呦呦研发青蒿素时，就是受到了《肘后备急方》的启发。

“蒲谷四仙”中的最后一位，是中国人都非常熟悉的“八仙过海”中的著名神仙之一——吕洞宾（吕祖）。吕洞宾，本名吕岩，是唐代进士，由于不满晚唐纷乱的局势，避世修仙，逐渐被人们神化为“八仙”之一。至今，广州城内还有多处供奉吕洞宾的宫观。

吕洞宾曾留下一首《赠罗浮道士》，说明他有过在岭南生活的经历。这可能就是吕洞宾对岭南文化的影响高于“八仙”中其他神祇的原因之一吧。广州民间一直保留着祭拜吕祖的传统民俗：每年农历四月十四（吕洞宾生日）为非常隆重的“吕祖诞”。

吕洞宾与白云山的联系，来自一则民间传说：某年，白云山上的树木都被大风吹折，山上一片狼藉，老百姓都十分伤心，却又无可奈何。吕洞宾听到老百姓的哭诉，便来到山间，将几根已经枯萎的树枝插进土里，然后念动咒语："彼处难安身，移来此处活。"咒语刚念完，吕洞宾插的那几根枯枝就长出了绿叶，很快地，白云山上所有的树木都重新活过来了。山上到处生长着参天大树，枝叶在空中欢快地舒展飘扬。顿时，曾经一片狼藉的白云山重新变得郁郁葱葱、泉沛水丰。羊城百姓个个笑逐颜开，衷心感激吕洞宾的恩典。

因为这个传说，广州地区百姓，尤其是白云山麓的村民们都特别崇敬吕祖。清末民初，蒲谷附近曾建有一座"吕祖行阙"，这就是我们把吕洞宾列入"蒲谷四仙"的原因。现在，麓湖内鹿鸣冈和聚龙冈之间的"白云仙馆"，供奉有吕祖；广州碑林的"白云山历史人物浮雕"上也有吕岩（吕洞宾）的形象；摩星岭景区内还有一座"洞宾植树"的雕塑。

受"蒲谷四仙"的深远影响，从唐代开始，无论是从中原来到岭南的外地文人，还是广州本土诞生的文人群体，都乐于歌咏白云山，尤其是蒲谷的"仙气"。因此，蒲谷景区的文化氛围表现出非常典型的"仙、儒杂糅"的特色。

远离中原的岭南，在秦汉之后的相当长时间内，还处在中华文化的边缘地带，直到唐代之前，白云山都很少迎来真正意义上的著名文人的足迹。唯一能够跟文人沾上一点边的，大概也就只有本来是凡人，后来才被神化的葛洪了。

唐代开始，随着岭南文化越来越深入地融合进中华文化的总体格局之中，广州城里，文人的身影越来越密集了。

初唐时期，广州城迎来了成批的中原文人墨客的足迹。他们是王勃、杜审言等。

其中，杜甫的爷爷杜审言留下了《南海乱石山作》一诗。南海，是当时对广州的称谓之一；乱石山，则是白云山蒲涧一带山岭的名字。杜审言这首诗应该是中原文人留下的第一首歌咏白云山的诗篇。诗中“穹崇雾雨蓄，幽隐灵仙闷”一句，透露出作者对白云山“仙气”的关注。据此也可以判断，杜审言游览的乱石山，就是在现在蒲谷的周边。

中唐时，韩愈、刘禹锡、李德裕都先后来过岭南。他们对岭南文化的发展也都作出了不小的贡献。

晚唐，李群玉、李商隐、王贞白、杨夔四位诗人到过岭南。除李商隐外，其他三位均留下了咏白云山的诗歌。李群玉更是留下了三首与白云山有关的诗歌，成为整个唐代关注广州白云山最深入的一位诗人。

李群玉诗分别为《登蒲涧寺》《登蒲涧寺后二岩》《云山远眺》；王贞白诗《送友人南归》，首句为“南国菖蒲老，知君忆钓船”；杨夔诗为《题郑山人郊居》。可见，这三位诗人对白云山的咏唱，多数都是围绕蒲涧、蒲涧寺和郑安期展开的。

整个宋代，岭南许多地方依然是中原政权流放迁客逐臣的偏僻远方。但广州地区的经济、文化，经过隋唐、五代的融合和发展，已经今非昔比了。因此，从北宋到南宋，各种北方南来的文化群体和岭南本土诞生的文化群体，在白云山的活动都变得越来越活跃。

此时期，被贬逐到岭南的文化名人，最著名者莫过于苏轼（1037—1101）。北宋绍圣元年（1094），苏轼再度被贬，这次被贬得比黄州还远得多，直接被贬到岭南新建的小城惠州。接到命令，东坡（苏轼）从大庾岭入粤，沿北江南下，经广州前往惠州贬所。逗留广州期间，他游览了白云山蒲涧，与蒲涧寺德信长老交往，并留下《广州蒲涧寺》和《赠蒲涧信长老》诗各一首。两首诗歌，细致地描绘了身处岭南的白云山，那种种与中原、江南很不相同的独特风物以及浓厚的神仙文化氛围。

如《赠蒲涧信长老》中有"燕坐林间时有虎，高眠竹后不闻鸦"（"竹后"，一作"粥后"）一联，本义是赞誉德信长老：休闲打坐时，有老虎出没也不害怕；安眠竹林之后，两耳不闻鸦鸣。可谓道行高深，禅境幽邃。

但该联的上句，却在有意无意中道出了白云山上曾有很多老虎这一事实。作为在白云山上停留时间很短的诗人，一下子就能够敏锐地发现"白云山多虎"这一生态事实，这该是多么了不起。

相关资料记载：白云山上一直以来的确有很多老虎。景泰僧故事中有"猛虎听经"的传说；能仁寺内有刘永福所题"虎"字，还有"虎跑出泉"景观；山湾对面有"虎头岩"景观；摩星岭西北方有龙虎岗景观。所有这些细节，都昭示着白云山上确实曾有很多老虎。事实上，直到20世纪50年代，人们还曾经在白云山上碰见过老虎。

在下句中，苏东坡强调德信长老在白云山上充耳不闻乌鸦的鸣叫。据现代鸟类学的观点，广州地区是有乌鸦的，只是数量没有北方那么多。并且，广州的乌鸦跟北方乌鸦的品种不太一样，没那么喜欢一天到晚“哑、哑”地鸣叫，因此“高眠竹后不闻鸦”的德信长老，既是因为道行高深，对鸦鸣充耳不闻，也是因为在岭南环境中，乌鸦的聒噪不似中原和江南那么强烈。诗人观察和记录自然，是多么细致、准确!

作为一个刚刚来到岭南的人，苏东坡对岭南独特风物特色的敏感度是令人惊异的！在另一首题为《广州蒲涧寺》的诗的最后一联中，苏东坡说“而今只有花含笑，笑道秦皇欲学仙”。令人不得不敬佩的是，苏东坡在这句诗后，自注了一句话：“山中多含笑花。”

含笑花，原产于我国华南各省区，在现代园艺技术普及之前，岭南以北是很难见到含笑花的。东坡刚到岭南，就关注到白云山上有很多野生的含笑花。不得不说，他的博物观察能力是令人惊叹的。

如今，白云山的管理者们有意识地在南门道路两侧、黄婆洞水库东北侧等处，种植了许多珍贵树种“乐昌含笑”，并且在鸣春谷、摩星岭、山庄旅舍、雕塑公园等处的景观植物栽植中，选用较多灌木、小乔木形态的含笑花。这也是在回应东坡千年前的记载吧？

除了上述两首题目中包含“蒲涧”二字的诗歌，苏东坡在离开广州前往惠州时写作的《发广州》一诗中，再一次提到了蒲涧：

“朝市日已远，此身良自如。三杯软饱后，一枕黑甜余。蒲涧疏钟外，黄湾落木初。天涯未觉远，处处各樵渔。”

苏东坡和蒲谷的联系，并不止于上述三首诗歌。作为一个一贯特别关注民生的优秀政治家，作为一个在杭州、徐州都曾有着丰富治水经验的城市管理者，苏东坡来到白云山的蒲谷，马上就意识到了蒲涧溪流对于广州地区百姓生活饮用的重要价值。

当已经到达惠州贬所的苏东坡接到广州太守王古（敏仲）来信，说广州发生了瘟疫时，他在回信中分析，疫情的主要原因肯定是饮水不洁。于是，他根据自己治理杭州的经验，建议王古在蒲涧溪流下方凿石槽蓄水，再用五管并排的大竹筒拼接成管道，顺着地势将蒲涧泉水分引到城内各个小石槽，供居民就近取用。怕王古身边没有懂行的人，苏东坡在信中还极力推荐清正廉洁、热心为民的罗浮山道士邓守安负责此项工程。

信中，苏东坡还非常细致地帮王古设计了竹筒接驳的方法（以麻绳涂漆捆绑接驳），以及防止竹筒被杂物堵塞的方法等。因此，我们现在称苏东坡为“广州自来水设计第一人”，是绝不为过的。

现在，在蒲谷景区的上游，白云山管理者专门打造了一个“东坡引水”的景点。景点里设置了一尊苏东坡塑像：站立的东坡，左手执一根粗大的竹筒，右手挟一顶竹斗笠。此形象与历史事实并不完全相符，但也说明了景区管理者积极推崇苏东坡爱民护民的进步思想，努力挖掘文化名人苏东坡在白云山的珍贵元素，以此大力提升景区的知名度和美誉度。

东坡之外，宋代曾在白云山蒲谷留下过诗歌的最著名诗人，便是杨万里（1127—1206）了。

杨万里，字廷秀，号诚斋，南宋著名文学家。他曾在蒲谷留下了《游蒲涧呈周帅蔡漕张舶》《和巩采若游蒲涧》《辛丑正月二十五日游蒲涧晚归》等三首诗歌。每一首都细致地描述了蒲涧胜景的迷人细节，表达了自己对蒲涧的热爱之情。作为有数篇诗歌入选过中小学课本的宋代诗人，作为南宋以后著名诗歌风格“诚斋体”的开创者，杨万里在中华民族的优秀传统文化中，地位还是相当高的。可惜，如今在介绍蒲谷时，却忽略了这位著名文人对蒲谷的热情歌颂。我们应该积极宣传他与蒲谷、白云山之间的密切联系。

2（约70分钟）能仁寺—圆梦广场—五仙桥门岗步道上口—知青亭

蒲谷上方直接连通的，是白云山的又一著名景点——能仁寺。这个2012年之前每人收费5元的重要景点，如今已经是全年免费了。

能仁寺，位于将军岭东南面的山谷中。这座寺庙于清咸丰、同治年间（1851—1874）才开始建造。但它的庙址所在，却是早在宋代就已经成为文人活跃之地的古老景区——玉虹洞和玉虹涧。

玉虹洞、玉虹涧，是广东科举史上的第一位探花、番禺人李昴英（1201—1257）曾经逗留吟诗的地方。

李昴英，宋理宗时曾在朝为官，因正直廉洁，犯颜敢谏，曾官至龙图阁待制、番禺开国男爵，是南宋时期广州本土最著名的文人之一。李昴英晚年辞官回到广州后，曾在玉虹洞附近建起一座玉虹饮涧亭，又筑小隐轩，并经常与诗友们一起吟诗寄意。白云山因此又增加了一处文人们谈诗论文、享受自然的好去处。

说起李昴英，还必须提到他的老师崔与之（1158—1239）。崔与之，字正子，号菊坡，谥清献，广东增城人，南宋名臣、诗人，宋绍熙四年（1193）进士，宋理宗时曾被任命为广东经略安抚使，兼广州知府。屈大均《广东新语》中记载："崔清献公八辞参知政事，十三辞右丞相。"

崔与之的高风亮节曾得到明代著名理学家陈献章（陈白沙）、王阳明的高度评价。陈献章曾亲赴位于白云山上的"崔清献公祠"，祭拜崔与之；王阳明在"奉命平寇南粤"时，也曾与陈献章弟子湛若水一起，拜谒白云山上的崔清献公祠，并写下了崔清献公像赞诗："勋高宋室，韩范莫俦。帝笔赐号，社稷为忧。文章韩柳，理学张周。增江灵孕，万古歌讴。"

清末，能仁寺建成后，曾在寺内立有一座"菊坡祠"，用以纪念崔与之的不凡人格和崇高勋业。

暨南大学张其凡教授曾高度评价崔与之、李昴英师徒的历史地位："综览宋代岭南的理学人物，均不足以与崔与之、李昴英相颉颃……南宋后期至元代初期，岭南学术的主流学派是'菊坡学派'，这也是当时岭南唯一可与内地抗衡的学派。"

关于白云山，崔与之曾写有《题郑山人郊居》一诗，并有过"梅岭绿阴青子，蒲涧清泉白石，怪我旧盟寒"（《水调歌头·题剑阁》）的诗句。李昴英则有更多具体的题咏。因此，广州碑林入口处的"白云山历史人物浮雕"上，分别镌有崔、李师徒的形象。

在玉虹洞旧址上建成的能仁寺，曾经规模宏大、佛事兴盛，是当时白云山上最热闹的所在。寺内，除了各种佛堂、圣殿外，还有“甘露井”“玉虹池”“虎跑泉”等名胜景观。

直到20世纪30年代，能仁寺还香火旺盛，游客如云。然而，1938年10月广州沦陷，日军占据白云山，将能仁寺付之一炬。

为保护和恢复白云山最古老的景区之一，为进一步丰富风景名胜区的旅游文化景观，1993年由广州市政府投资参照旧址重建了能仁寺景区。1995年5月，重建的能仁寺正式对外开放。

能仁寺不仅是白云山上现存唯一的一座佛教禅宗庙宇，代表着岭南佛教哲学的独特成就，而且与中国近现代史上许多重要历史人物和事件有关联，因此，在岭南政治、文化史上都有着特殊的意义。

清末，著名抗法英雄刘永福（字渊亭，1837—1917），在能仁寺山门右侧的石壁上留下了一幅气势磅礴的摩崖石刻——“虎”字。

刘永福曾驻军白云山脚的燕塘，并在今永福路一带建起刘氏宗祠（今“永福路”之名即源于刘永福）。其间，刘永福经常上白云山游赏。

“虎”字石刻的左侧，有一段刘永福友人题刻的文字，记载了刘永福题写“虎”字的经过：

戊戌之春，余在渊亭军门，揩（携？）黑旂军旧部返五羊城，营于白云山下。训练士卒，未尝少休。

时逢九日，渊亭军门率麾下将佐，登山作茱萸会。余旧友刘君子鸣、拜八弟体和、儿子兆基偕往。少长咸集，登高眺远，闻天风之浪响，汲□水之茫烟。云山都采眼底。抚时感世，不禁□□。

日暮归营，军门兴致不浅，感恩（激？）挥毫，书成“虎”字。余见之，爱不忍释，刊于岩壁，以志一时之胜。他日重游来此，不忍（？）不作雪泥鸿爪，观此屏山。

□□贤铭撰。

河源陈国竹权远书。

从这段文字可知：清光绪二十四年（戊戌，1898）重阳节白天，刘永福和手下将佐登临白云山，举行“茱萸会”。登高远眺，感时抚事，直至日暮归营，仍逸兴不减。于是，当天晚上刘永福在军营中奋笔挥毫，书成一幅个性鲜明、气势恢宏的巨大“虎”字。

这个字形独创的巨幅“虎”字，完全是刘永福在游览之中情绪受到激发，联想到白云山的多虎和自己作为“黑虎将军”的坎壈身世，独立创作出来的。它是一只栩栩如生的立虎的形象：

顶端两个圆圈代表炯炯有神的虎眼；正中一笔垂直而下，

代表虎脊和虎尾；腹部的六个大圆形，代表虎躯；圆形右上方和左下方各有两笔饱含浓墨的停顿，则代表虎爪。

尤其值得我们注意的是，顶端那两只目光炯炯的虎眼，据刘永福的另一幅书法，还包含着“昂头天外，寓目寰中”的深刻寓意！可以说，民族英雄刘永福的凛然人格和彪悍英气，在这一幅书法中都得到了淋漓尽致的体现。

刘永福题“虎”字十一年后，1909年夏，同盟会骨干倪映典、朱执信等数十人，曾在能仁寺里秘密策划“广州新军起义”的具体方案。虽然这次起义因各种原因，过于仓促，未能成功，但“白云山能仁寺”的名字还是因这次壮举而光荣地载入了中国近代革命史的史册。

鉴于能仁寺与辛亥革命仁人志士曾经有过的密切联系，民国时期，国民政府的一些官员都很喜欢到能仁寺休憩、游赏。

1924年5月17日，孙中山曾携宋庆龄一起游览白云山，在能仁寺内小憩。当时陪同人员有国民政府军事部长、建国粤军总司令许崇智，大元帅府大本营秘书长古应芬，以及邵元冲、黄惠龙、侍卫长马湘等十多人。数日后，因偶感不适，孙中山再次来到能仁寺静养。

两度莅临能仁寺期间，孙中山由珠江联想到长江，曾向陪同人员谈及他在《建国方略》中所述的三峡工程，并期望能够早日实现。

因此，2006年11月27日，在三峡工程即将竣工之时，广州市政府专门从三峡库区基址运来一块名为“世纪圆梦”的奇石，竖立在能仁寺对面的小型广场上，用以纪念孙中山的世纪梦想，同时也是中华民族共同的梦想，终于顺利梦圆！这就是“圆梦广场”名字的来历。

若能在目前“世纪圆梦”石的后侧，建起一座孙中山手执《建国方略》的塑像，该景点会更有旅游价值，既能进一步纪念孙中山的世纪梦想，又能让人们记住孙中山与能仁寺的缘分。

从能仁寺继续上行约500米，就到了可以通往五仙桥门岗的下山步道入口。此五仙桥，便是传说中的大名鼎鼎的羊城祖仙，同时也是白云山的第二个神仙群体——五羊仙人曾经落脚的地方。

相传西周时期，广州一带连年歉收，食难果腹，民不聊生。饥饿孩子的哭声，大人们焦虑无奈的哀叹声，飘到九霄云层，惊动了南海的五位仙人（据明初《重修五仙观记》：五位仙人，分别代表“东西南北中”五方神祇；又一说：五位仙人，分别代表鬼仙、人仙、地仙、天仙和神仙）。于是，这五位仙人身着五色彩衣，分别骑着五色仙羊，手持一茎六出的谷穗，降临广州。他们将谷穗赐予勤劳的广州人，并祝福百姓们安居乐业，此地永无饥荒。说完，五位仙人飘然升空而去。此后，羊城岁岁丰稔，老百姓再也不用担心挨饿受冻了。

这五位造福羊城百姓的仙人的大恩大德，千百年来一直被广州地区百姓所铭记。因此，他们成了历史上广州地区百姓最为崇奉的“羊城祖仙”。

五仙飘然升空后，他们所骑的五只仙羊，因为依恋人间，最终化为石头留在了广州。如今，矗立在越秀山上的“五羊塑像”，已经成为广州市著名的城市标志、吉祥物、文化图腾。

由于20世纪60年代建造的“五羊塑像”被竖立在越秀山上，而历史上纪念五羊仙人的道观——“五仙观”又坐落在中山六路附近的惠福西路233号，因此，很多人都以为五羊仙人的故事跟白云山没有什么联系。

其实，五羊仙人到达广州的第一站，就在白云山上！

白云山东麓的五仙桥，位于现天河区兴华街道广从公路的西侧。广从公路上有一个公交车站叫伍仙桥站，公交车站西北的半山坡上（即白云山东侧山岭的一部分），曾经有一座桥，由五块青石板连接而成。自古以来，人们就传说，这里是五仙下凡时曾经逗留的地方。当年，五位仙人降临五仙桥附近的广州城郊，欲步行进入广州城。但遇到溪水拦路，他们便各自将随身携带的手巾一抛，变成一道青石桥。然后，仙人们骑着羊从桥上走过去，一直走进广州城。平坦坚固的青石桥，就留给当地老百姓使用。从此，人们的生活更加方便了。为了感恩五仙对广州人民的恩典，感恩青石桥给当地人民带来的福祉，人们就称此桥为“五仙桥”。

五仙桥和“羊城祖仙”的密切联系，使得白云山的历史文化氛围变得更加深厚了。每一位热爱广州、热爱羊城的市民朋友，都不应该忽略羊城祖仙故事当中的白云山元素。

从五仙桥门岗步道入口再往前数十米，就到了知青亭景区。

曾经，我带领一些“95后”的年轻朋友来到白云山知青亭。当我问起“知青”是什么意思时，年轻朋友们纷纷摇头。这充分说明知青亭的建设是多么及时和必要！

“知青”，为“知识青年”的简称。知识青年，是中国20世纪中期曾经轰轰烈烈进行过的“上山下乡”运动的主体。

知识青年“上山下乡”运动，最早可追溯到1955年，于1968年达到高潮，延续至20世纪70年代末期。全国各地先后有2000多万知识青年参与了“上山下乡”运动，其中包括广东的知识青年。

这2000多万知识青年的青春足迹，遍及全国许多边疆荒原；广东知识青年的足迹则踏遍了海南岛、雷州半岛、珠江三角洲国营农场、汕头牛田洋农场和南粤其他广阔的农村；当年的白云山林场（场址在今元下田门岗附近），也曾经生活着数千名知识青年；现在著名的白云山制药厂，其开创者就是一群返城的“下乡知青”，他们用自己勤劳的双手，在白云山麓，从最简陋的设备起步，开创了如今白云山制药的辉煌。

“上山下乡”的共同经历，已经成为一代人难忘的生命历程；“知识青年”的共同名字，已经凝聚了一代人永远的知青情怀。随着年龄的增长，中国的这一代知识青年，可能会慢慢淡出历史的舞台，但他们为祖国建设曾经付出的青春热血，他们在中国建设道路探索中所积累的宝贵经验，绝不应该被我们轻易淡忘！

曾经，从知识青年群体中率先崛起的“朦胧诗”，以及大量以“知青”生活为题材的小说、戏剧、电视连续剧的创作，是一代中国人精神生活的重要组成部分。如今，白云山“知青亭”的矗立，对于唤起人们关于日渐遥远的“知青”生活的记忆，对于人们致敬一代为祖国建设付出了青春热血的知识青年，无疑是十分有意义的。

白云山的“知青亭”，是由粤海农垦（兵团）知青网发起，共3000多名“知青”参与捐款，于2010年4月15日奠基建造的。景区亭楼挺立，两廊相伴，露台宽阔。站在亭子两边舒展的长廊，可以远眺广州东北部城区的现代化美景。“知青”年代的艰苦卓绝，与如今广州城区的繁荣兴旺，形成了令人感慨万千的鲜明对照。

与“知青亭”相对应的，是一幅长15米、高2米，题为“永远的情怀”的大型铜制“知青”浮雕。浮雕以“告别亲人、激情岁月、情怀不老”三组内容，记载着知识青年这一代人的独特历史和艰难心路历程。

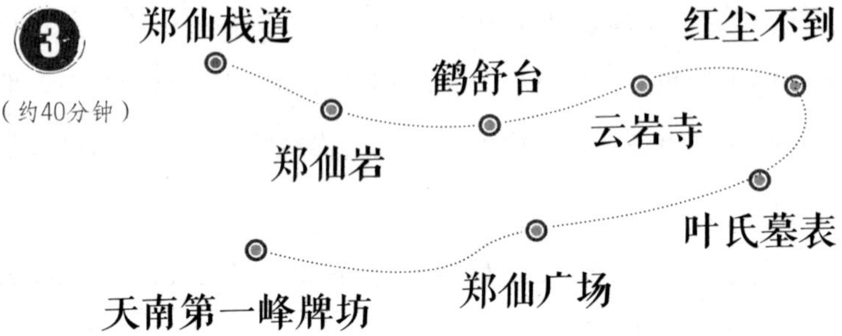

离开知青亭后，我们需要沿登山主道（云山南路），继续向上攀登。经过10多分钟的路程，转过两个弯道后，我们就来到了白云山管理部门于2018年建设竣工的郑仙栈道的入口。

郑仙栈道，顾名思义就是连接登山主路与郑安期升仙之处——郑仙岩的一条悬空栈道。

郑仙岩所处的地方，山势陡峭，原来只有一条崎岖小道从山顶广场附近往下，走100多级台阶才能够到达。参观完以后，还得走回头路，才能重回山顶广场。因此，很多游客即使已经攀登过好几次白云山，往往都没能找到白云山最具文化底蕴的三个景点：郑仙岩、鹤舒台、云岩寺。

2015年，白云山管理部门设计了一条在尚未到达山顶广场之前，就从云山南路右侧分岔，然后直通到郑仙岩景区的悬空栈道，命名为“郑仙栈道”。这条栈道的设计，彻底改变了参观郑仙岩只能从山顶广场往下走，参观完后又只能走回头路，才能回到山顶广场的情况。

并且，从登山主路经郑仙栈道，过郑仙岩后，可以直达“天南第一峰”牌坊所在的郑仙广场。这样，就在相当程度上分散了登山主路上的客流。在节假日客流过分拥挤的时候，只要在此设置一个指引岗位，就可以适度分流游客，从而大大提高游客们登山时的安全系数。因此，当初设计这条栈道的管理者，是值得我们赞许的。

穿过郑仙栈道，很快就来到了郑安期乘鹤升仙的郑仙岩。虽然在前面讲述过的“安期升仙”故事中，已经说到郑安期是在白云山山势最陡峭的地方毅然跃下山崖，但真正看到郑仙岩的悬崖峭壁，还是有点吃惊：没想到，海拔只有区区382米的白云山，竟然还有如此陡峭的所在。峻峭的山势，加上郑安期玄幻神奇的故事，让每一个来过此处的游客，都会更加喜爱白云山，更加钦仰郑安期大义凛然、反抗强权的勇毅。

稍微有些让人遗憾的是，现在的郑仙岩景区，总体上显得相当萧索：连老百姓1996年自发画在墙壁上的几幅关于郑仙故事的壁画，也已经被白灰覆盖。景区周边并没有必要的关于郑仙岩、鹤舒台和云岩寺历史渊源的详细介绍。尤其是鹤舒台，甚至连最基本的标识都没有。

其实，郑仙神话中所包含的热爱自然、行医访药、情系百姓、反抗强权等精神，也是值得宣传、发扬的。

一部《中华神话史》，里面有多少值得我们传承、发扬的美妙神话文化呢？开天辟地、女娲造人、羿射九日、夸父追日、大禹治水、精卫填海、嫦娥奔月、吴刚斫桂……正是这些无比美妙、奇幻的神话传说，大大丰富了中华民族的想象，深深烙印了中华民族的精神个性。

白云山二十九仙的故事也一样。游云山，访名仙，完全应当成为今天白云山文化建设的一个重要组成部分。

今天我们探寻白云山丰富多彩的神仙文化氛围，并不是想让广大游客盲目去追求虚无缥缈的精神麻醉，而是希望现代游客认清传统神话的精神本质，追求正确的价值导向，让生动活泼、乐观正义的传统神话氛围，成为当代正确价值追求的引领。

无论是我们前面已经讲到的“蒲谷四仙”“羊城祖仙”，还是我们后面还将讲到的“浮丘丈人”“龙泉九仙”“泰霞九仙”等所有的云山仙众，他们千百年来能够得到老百姓的真诚拥戴，最根本的原因就是：他们或是充分利用白云山丰富的自然植物资源，为老百姓防疫祛瘴，行医治病；或是急百姓之所急，为老百姓排忧解难。

因此，我们今天游赏云山，也应该认真关注白云山丰富的自然资源，了解郑安期、葛洪、鲍姑等“神仙”所熟谙的中医药历史文化，让中华优秀的中医药传统文化继续服务社会，造福百姓。同时，我们还要拥有像吕洞宾、“羊城祖仙”、“龙泉九仙”、“浮丘丈人”等一样的匡时济世情怀，积极为老百姓消除各种祸患，创造美好的生活。

与《中华神话史》中的各位神话人物不同，白云山的二十九仙大多是极具岭南特色的地方神祇。他们身上的岭南文化烙印，往往是我们解读独具特色的岭南精神时最需要努力揭秘的重要基因密码。因此，尊重、保护和弘扬岭南地方神祇的传统文化精神，是每一个岭南人义不容辞的责任！

历史悠久的白云山云岩寺，也是在抗日战争时期被日军毁掉的。如今，我们要牢记国仇家恨，就更应该在云岩寺遗址鲜明地竖立起警示国耻的宣传牌匾。让世世代代的游客们都不忘中华民族曾经遭受过的苦难，都能够自觉为民族复兴大业作出自己最大的贡献。

离开郑仙岩，向上有一条大体呈“S”形的步梯，二三十级。步梯左侧的崖壁上，一幅“红尘不到”的摩崖石刻很吸引人。这幅石刻的作者是长沙人邓万林，题写时间为清光绪二十二年（1896）秋。

邓万林，湖南长沙人，清咸丰四年（1854）武童生，后投军水师，升把总、千总、都司，曾任湖南镇筸（gān）镇总兵、郧阳镇总兵，广东碣石镇总兵、南澳镇总兵。

“红尘不到”，语出南宋陈宗远《萧季贤有斋名雪涧求鄙语置诸贤之后勉成四韵》。诗歌首句云：“一派流泉绕坐奇，红尘不到客来稀。”

武人出身的邓万林，竟能够在白云山这处幽深的空间，恰到好处地引用南宋末年一位并非特别知名诗人的诗句。这种武中有文、底蕴深厚的综合素养，不得不令人惊叹。陈宗远所有诗歌，仅见于清初四库馆臣辑集的南宋末诗人合集《江湖后集》。现代许多文人未必熟悉他的作品。而清末武将邓万林，却能够得心应手地运用陈宗远的诗歌意境。古人这种深厚的文化底蕴，确实值得我们认真学习、发扬。

其实，在红尘过于喧嚣之时，无论是劳心者还是劳力者，如果能够自觉寻求白云山自然氛围的抚慰，努力达成心灵的宁静，对于每一个登山之人来说，应该都是很有意义的。因此，邓万林的题笔常常能够引起登山者的情感共鸣。

登完“红尘不到”崖壁旁的步梯，就上到相对开阔的郑仙广场了。在郑仙广场的西南侧，我们首先看到的是一个看起来似乎不太起眼的景点——“南海叶花溪墓表”（简称“叶氏墓表”）。但我们可不能小瞧这个景点哟。它可是岭南文化史上最著名的碑刻之一！

叶氏墓表，为什么在岭南文化史上有着如此重要的地位呢？

首先，叶氏墓表的墓主人叶廷勋，来历就不小：一个经商的人，花钱捐官，就能捐到二品职衔。可想而知他该多有钱。（可资参照的是：我们所熟知的红顶商人胡雪岩和盛宣怀，同样也是花钱捐官，所捐到的官职，同样也是二品职衔。所以，叶廷勋可以说就是“广州版”的胡雪岩、盛宣怀。）

叶廷勋（1753—1809），原名仁，字光常，号花溪，晚号荔湾渔者。从商时，曾使用“叶上林”一名。外籍人士称其为“仁官”。原籍福建福清，祖辈迁居南海，廷勋为入粤三房四世祖。

叶廷勋于中年之后，发奋弃学营商，很快成为“广州十三行四大家族（潘、卢、伍、叶）”中著名的叶氏家族商行——“义成行”的开创者，收获极为丰厚。据谭元亨《十三行史稿》：叶廷勋曾是十三行行首。在最鼎盛时急流勇退，是十三行行商中少有的能够全身而退的一位智者。

叶廷勋在清乾隆五十二年（1787）镇压台湾林爽文起义和清乾隆五十七年（1792）对抗廓尔喀（在今尼泊尔）在英国操纵下入侵西藏的战争中历输军粮；其后又沿河赈粮，捐献朝廷，计累巨万；因此，清政府褒奖之，加封盐运使，二品职衔。

叶廷勋在世时，非常喜爱白云山的秀美风光，经常到郑仙岩上方的云岩处游赏。1809年，叶廷勋逝世，享年57岁。其三个儿子叶梦麟、叶梦龙、叶梦鲲决定重修云岩上的倚山楼（旧址大体在今绿茵阁西餐厅周边），以纪念父亲。楼中祀奉叶廷勋遗像，并请来家族故交——曾先后担任过惠州知府和扬州知府的著名书法家伊秉绶，为其撰写墓表。

而这个撰写墓表的人，也很有来头：

伊秉绶（1754—1815），字组似，号墨卿、默庵。福建汀州府宁化县人，乾隆五十四年（1789）进士。

清嘉庆四年（1799），伊秉绶任惠州知府，勤于政务，深受惠州百姓欢迎。然而，清嘉庆七年（1802），伊秉绶因与两广总督吉庆发生矛盾，被参罢官，遣戍军台。惠州士民见伊秉绶无辜谪戍，哭诉于途，恳请奏留。吉庆见士民势众不可侮，只得允许伊秉绶随营办事，免戍军台。没过多久，吉庆因在粤“措置失当”，被嘉庆皇帝罢职调查，自杀身亡。新总督倭什布奉命巡视惠州。惠州数千士民，十多次遮道为伊秉绶鸣冤。倭什布将实情呈报朝廷，伊秉绶被免罪。后曾任扬州知府，因政声卓著，被扬州百姓列入“扬州四贤祠”（前三贤为欧阳修、苏东坡、王士祯）。

伊秉绶学术上曾拜纪晓岚为师，书法上曾拜刘墉（民间所谓“刘罗锅”）为师。“有其师必有其徒”，伊秉绶的两个老师如此显赫，他本人的能耐也不小。至今，书法界对伊秉绶书法的评价仍然很高。

白云山上这块已经历经200多年沧桑的“叶氏墓表”，是货真价实的伊秉绶书法真迹，这实在是非常值得珍惜的！遗憾的是，这座墓表在“文革”期间曾遭受过毁坏，目前我们见到的模样，是1983年9月，由几块已经破碎的碑石重新拼接而成的。为了让读者能够更深入地了解叶氏墓表的原貌，本书特将叶氏墓表的全文附上：

皇清晋封资政大夫盐运使司衔叶先生墓表

资政大夫叶公，以学行显荣。初，公祖母苦节获旌，父牵车艰于养。公少励学，作而曰："学在克家。"遂弃章句，诺重商旅，信孚远人。积赀既丰，值国家有急，历输台湾、廓尔客军粮，永定河、南河石工计累巨万。

天子褒之，加至盐运使司衔，锡封二品，荣及三世。迨训子成才，母寿益高，则辍业孝养，日夕依依。暇仍励学，诗含清风。顺德黎二樵、钦州冯鱼山咸折节与交。曾校王文简公《古诗选》。大兴翁鸿胪方纲一见称善，出所校本与合刻，艺林珍之。著《梅花书屋诗集》若干卷。顾体羸病，以嘉庆十四年九月六日卒。年五十有七，远迩惜焉。公讳廷勋，字光常，号花溪，配颜氏，封太夫人。先意承志，善养其姑，前公三年卒。子三人：梦麟，候选郎中；梦龙，户部员外郎；梦鲲，光禄寺署正。孙九人，诸详李太仆宗瀚所作墓志铭。秉绶辱公知爱十余年，今重来登坟。惟公孝于家，勤于国，信于友，生平任恤解推，不可枚举。籍本福清明宰相叶文忠公之裔。由同安再迁南海。传曰，公侯之子孙必复其始。谨表叶氏光大所由，实缘公内行克修，垂衮后昆。刻石白云新阡，以告来者。

资政大夫、前扬州府知府、署两淮盐运使、刑部员外郎、戊午科湖南主考官、愚侄宁化伊秉绶顿首奉撰并书。

朝议大夫、廉州府知府、署广东粮储道、姻愚弟龙溪李威顿首拜题额。

嘉庆十六年辛未岁，十月丙午，朔。距既葬二十有一月，立石。

李药州摹勒上石。

伊秉绶生平来过广州四次。第一次是1799年，他赴惠州担任知府，途经广州；第二次是1802年罢官后，在广州停留了一整年；第三次是1811年，他服父丧期满后，专程重访惠州，到羊城约会故友，此次行程应该是停留到了1812年；第四次是1813年春，可能是应粤东大吏之约而来（《将之粤东，先寄蒋砺堂制府攸铦、韩桂舲中丞四首》中有“久狎渔樵侣，来为节度宾”句）。

在数次莅穗的过程中，伊秉绶与叶廷勋父子交往十分密切，经常在一起酬唱吟诗。1802年，伊秉绶被罢官后，叶氏父子等广州绅商曾积极出钱出力，为伊秉绶鸣冤，并运作伊秉绶复职（光绪辛巳年《惠州府志》卷三十：伊秉绶被罢惠州知府后，“粤人为之捐复”）。此后，才有了伊秉绶获任扬州知府的机会。1809年，叶廷勋辞世后，叶氏兄弟便请求官声和书法都非常优秀的伊秉绶为亡父撰写墓表。

1811—1812年，伊秉绶来到白云山，除了留下叶氏墓表以外，还参加了白云山另一著名景点“云泉山馆”（在今麓湖东路附近，清嘉庆香山黄培芳《增修云泉山馆记》：“云泉山馆，合白云、濂泉名之”）的落成典礼，并为云泉山馆题铭云：“盘谷乐独，峿台怀开。孰若云泉，南国兴焉。七子诗坛，传百千年。”此事在当时的广州被传为一段佳话。

伊秉绶除了书法了得，还是一位名气很大的美食家。现在美食界大名鼎鼎的“扬州炒饭”和“三鲜伊面”，都跟伊秉绶有关。

据考，早在春秋时期，航行在扬州古运河邗沟上的船民，就开始食用鸡蛋炒饭。旧时扬州，午饭如有剩饭，到做晚饭时，打一两个鸡蛋，加上葱花等调味品，和剩饭炒一炒，做成蛋炒饭。明代，扬州民间厨师在炒饭中增加配料，形成了扬州炒饭的雏形。

清嘉庆年间，扬州太守伊秉绶开始在葱油蛋炒饭的基础上，加入虾仁、瘦肉丁、火腿等，逐渐演变成多品种的什锦蛋炒饭，其味道更加鲜美。随后，赴海外经商谋生的华人，特别是扬州厨师，把扬州炒饭传遍世界各地。

又相传，清代大书法家伊秉绶办寿宴。忙乱中，厨子误将面条放入滚油中炸熟了，无奈只能将错就错，将已炸熟的面条煮一下，再浇上鸡、海鲜等炖制的高汤上席。谁知客人们竟对此面赞不绝口，誉为“伊面”，广为流传。

当完全可以担任“网红”级别美食广告代言人的伊秉绶的足迹留在白云山时，现在白云山上的众多餐饮机构，却没有在自己的餐饮产品中重点推介“伊秉绶美食”，这实在是有点浪费文化资源呀。

走过叶氏墓表，环顾四周，就是整个郑仙广场了。现在的郑仙广场，与“郑仙栈道”同时改造完工。改造之前的郑仙广场，是由三层比较狭小的台地构成的，略显逼仄杂乱；改造后顿显开阔敞亮，体现改造者景观设计的宏阔眼光。改造完成后，郑仙广场北侧还布置了一组郑仙题材的雕塑群。这组雕塑群既比较亲民，也基本准确地介绍了郑仙文化的核心精神。

郑仙广场上最引人注目的景物，莫过于“天南第一峰”牌坊。牌坊为三门式，上有斗拱顶罩。中间两柱上镌有一副对联：“云开世外三千界，岩倚天南第一峰。”这是一副嵌入了云岩寺寺名的对联。“世外三千界”对“天南第一峰”，不仅属对工整，而且前者写郑安期升仙后的世外生活，后者写仍留在人间的白云山的高贵凛然，都给人留下非常深刻的印象。

眼前这个牌坊，是20世纪60年代重建的。但近年来，有传言说这个牌坊是宋代流传至今的古董，是南宋乾道年间（1165—1173）转运使陶定所建。这个说法是不准确的。陶定当年确实建过牌坊，但现在我们看到的却并非800多年前的原物。

其实，200多年前叶氏家族的三兄弟已经重建过牌坊，作为当时新修建的云岩寺的前门牌坊。“天南第一峰”题字，则是由叶建勋的长子叶梦麟所书。当时牌坊背后还有题词“驾鹤云衢”，也与郑仙故事有关。如今，云岩寺、倚山楼都已经湮没，只有这座牌坊因历经重建而保留了下来，也是挺不容易的。

4

（约50分钟）

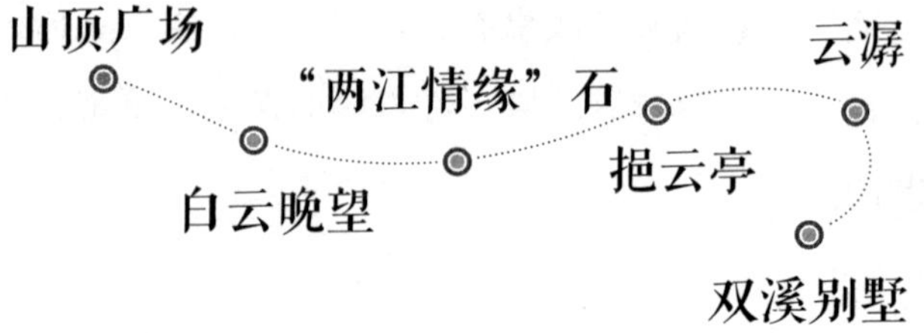

从郑仙广场向上攀登数十级台阶，走出2018年新建成的“郑仙岩”牌坊，左边是著名书法家林雅杰的题词——“天南第一峰”，右边就开始进入山顶广场的范围了。

山顶广场，是白云山上最开阔的广场，它的整体设计规划是在20世纪60年代初，总设计师是当时岭南最著名的建筑家之一郑祖良。至于当时为何称此处为“山顶广场”，已无从考据。此处距白云山真正的山顶——“摩星岭”，还有相当的距离。因此，称其为“山顶广场”就有点误导人了。很多不明就里的游客来到此处，都以为已经登顶，都在感叹白云山太矮了点。殊不知，白云山还有更高峰在等着我们呢。

山顶广场范围内的主要景点有三处：白云晚望、“两江情缘”石、挹云亭。

白云晚望，位于白云山山顶公园“罗伞顶”之巅。景点由“观光台”与“晚望亭”两部分组成，依山临崖，建于1964年。山石上题词的是曾任广州市委书记和海南省首任省委书记的许士杰（1920—1991）。

白云晚望，主要以观看夕阳西下和羊城夜景著称。早在元代，这里已是观赏羊城万家灯火、珠江渔火的“羊城八景”之一。每当明月初升，华灯绽放，整座羊城宛若繁星点点，灿烂辉煌，让人产生“置身星海”的感觉。

“两江情缘”石，位于山顶广场正中央，是一块来自长江三峡的江底石。这块江底石重约15吨，为花岗岩质地，经地质学家考证，距今已有8亿年历史，是1997年11月8日三峡工程实现大江截流后，工程建设者从二期围堰基坑中起出的三块巨石之一；2006年11月27日，由中国长江三峡工程开发总公司赠送给广州市，起名“两江情缘”石，象征长江、珠江两大水系分别构建起来的中华地方文化体系，亲如手足，情厚缘深。

该石颜色灰白，形如白云；光滑细腻，棱角圆润。从不同的角度看，形态也各不相同：正面恰似逶迤群山；侧面恍若天然卧狮；远观又幻化作滔滔江水。夜晚，在景区建设者们精心设置的138盏射灯的装饰下，石体恍似繁星点点，荧荧闪烁，就更显出它那独具一格的缥缈灵气了。

挹云亭，挺立在山顶广场北侧的小山坡上，依高耸的山势，巍然矗立，恰到好处地增加了山顶广场景物的层次感。亭柱两侧悬挂着楹联：“眺目南天，看广厦高屋，云蒸霞蔚；畅怀百粤，想名贤胜迹，古往今来。”亭名、造型、楹联，都十分贴合白云山的文化传统和整体氛围，算得上是园林景观塑造中十分得心应手之作。

亭下斜坡上“白云山欢迎您”几个字看似简单，但十分契合游客们经过一番努力，终于攀上山顶广场，期待着白云山对自己的迎接和照拂的迫切心情。因此，许多初次登上白云山的游客都喜欢在此拍照留念。也正因为发现游客们对此处景致的热爱，这几个字在挹云亭下方已经存在好多年了，白云山管理部门并没有做任何更换。

挹云亭再往北，是云潺。

云潺，完全是一处人造景观：用混凝土原料，制作出假山巉岩的模样，再通上自来水，便人工制作出一处流水潺潺的瀑布景观。鉴于现代白云山自然景观中确实比较缺水，已经基本没有像样的自然瀑布景色可寻，因此，适当布置一些人工瀑布景观，也情有可原。难得的是，“云潺”二字的命名，也符合白云山的总体氛围和底蕴。可以说这是白云山又一处比较成功的人造景观，值得点赞。

唯一有些遗憾的是，云潺池水边原来种着一棵比较大的曼陀罗树，在夏秋季节，每隔一段时间便会盛放出一树洁白硕大的花朵，引得许多游客啧啧称奇，纷纷合影留念。然而，近两年这棵颇有人气的曼陀罗树却不见了踪影，云潺的人工痕迹显露无遗。

云潺是白云山两条登山主道的分岔口。从南门开始的登山主路——云山南路，在此被分成了两条路：往左，为云天南路；往右，为云山中路。

我们沿云山中路往东行走约730米，便来到了双溪古寺和明末抗清英雄陈子壮“云淙别业”的共同遗址，现为1963年建设的双溪别墅。

双溪古寺，是南宋绍兴年间（1131—1162）太尉苏绍箕所建，初名月溪寺。后因月溪自然分为两脉，绕寺下泻，风景更加幽美，时人把两溪分称为月溪、甘溪。寺亦改名为“双溪寺”。寺内环境幽深，花木繁茂，至今仍有数株珍贵的丹桂树和羊城十大名泉之一的五宝泉。

相传，双溪寺建寺时并无干净的泉水可饮，是九龙仙人托梦于寺中长老，在后山挖井，见五色土即可告成。人们按照九龙仙人的指引，挖开红、黄、蓝、白、黑五层泥土，山泉顿时涌流。故有“五宝泉”之称。现五宝泉为同时有五个泉眼的大型泉源，水量丰沛，水质甘甜。“五宝”之名，或许只是指其同时拥有五个泉眼吧。

抗日战争时期，双溪寺遭遇与能仁寺、云岩寺等一样的命运，庙宇连同花木，在日军的炸弹轰炸和汽油焚烧下尽毁。如今，还能看到的当年双溪古寺遗痕，仅剩“五宝泉”（修复过）和一块刻有“双溪古寺”字样的花岗岩条石（现被镶嵌在入门处的筑台上）。

双溪古寺遗址，同时还是明末抗清英雄陈子壮“云淙别业”的遗址。陈子壮（1596—1647），广州府南海县沙贝乡人。明末永历帝期间曾同时兼任兵、礼二部尚书，带领残军，力拒强大的清兵。然而，终因兵少力穷，为清兵所执，不屈而亡。

明崇祯十年（1637），陈子壮因在朝廷触怒权贵，被下狱数月。出狱后，南归广州，在双溪古寺侧建造“云淙别业”，集杜甫诗句为门联云：“天下何曾有山水，老夫不出长蓬蒿。”当时，陈子壮等“南园十二子”（文学史又称“南园后劲”）常在此相与论文，关怀时事，忧国忧民。

英雄伟业，最终仍不免没入蓬蒿。临址凭吊，不胜唏嘘！陈子壮的形象，现在也被镌刻在广州碑林入口处的“白云山历史人物浮雕”上。

现在被称为“双溪别墅”的建筑，是1963年在双溪古寺和“云淙别业”的废址上所建。设计师为岭南建筑大师郑祖良和莫伯治，建设的目的是接待来往祖国南大门广州的海内外贵宾。1965年5月，周恩来总理、陈毅副总理曾在此，以及离此处不太远的山庄旅舍（详见“奢华云山”游程），接待过印度尼西亚副总理兼外长苏班德里约。双溪别墅门口的“双溪”二字，则是同一年由朱德元帅手书。

双溪别墅依山而建，工程土方量很小，也基本没有砍伐林木。设计师巧妙地将建筑空间融入自然山水之中：不算太陡的步梯沿着自然形成的山溪上行，客房分成上下两组，夹山溪左右，自然分布。

上面一组是当年周恩来总理曾经居住过的主房。建筑风格很简洁，装修也非常简单。大厅正面墙壁上有一座壁炉，完全由麻石砌成，没有其他雕饰，可谓独具一格。岭南气候温暖，建筑本来很少采用壁炉。这套房里设计壁炉，应该是考虑到山居的特殊需要。

从主房沿台阶曲折而下，来到山溪另一侧的一组客房建筑，这里就是1965年陈毅副总理曾居住的厢房。此房的客厅采用半开放式设计，其中一面墙邻近自然山体，有细泉从岩壁滴下，故名“读泉”。

上述两组客房建筑，虽然近年来做过一些修缮保护，但目前仍然空置着。多么希望如此珍贵的资源能够尽快开发开放，造福当代的游客呀！

再往下，就是一组作为餐厅设计的建筑。现在，还有商家承包下来，经营着“双溪食家”。由于近年白云山上能够维持经营的餐馆越来越少，每逢节假日，这里经常食客爆满，不提前来等候位置，很难就餐。

5

（约70分钟）

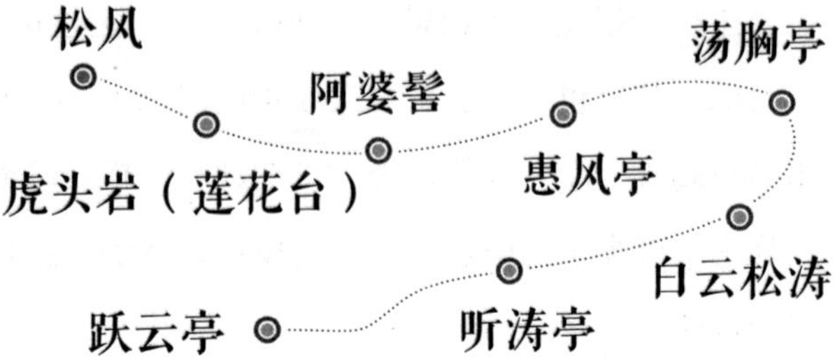

从双溪别墅出来，继续前行约350米，便到了老革命家陶铸、曾志夫妇的陵墓——松风景区。

现在，许多年轻游客可能已经不知道陶铸为何人了。当然，更不会知道谁是曾志。

陶铸（1908—1969），曾担任中共中央政治局常委、中共广东省委第一书记、中共中央中南局第一书记等；曾志（1911—1998），曾担任广州市委书记、中共中央组织部副部长。

陶铸夫妇对中国革命的贡献，自有各种史料可以给大家讲清楚。问题是，为什么这两位革命老人的陵墓会出现在白云山腹地呢？而他们的陵墓又为什么叫“松风”呢？

这就要从陶铸夫妇在广东省长达15年的工作说起了。

1951年11月，刚从广西剿匪前线回到武汉的陶铸，被中共中央派到广东主持土改工作，当时的具体职务是中共中央华南分局第四书记。1955年7月起担任中共广东省委书记、第一书记，直到1965年1月，奉调中央，担任国务院副总理（实际赴京工作，已是1966年6月）。

广州市原市长曾生在《曾生回忆录》中提到：

> 陶铸同志非常关心广州的园林绿化建设，出了许多好主意，甚至在哪里搞个绿化点，种什么树都提出具体意见。还经常对我们说："市容就是市政，广州是祖国的南大门，一定要把园林绿化工作搞好。"

陶铸也非常关心白云山景区的建设。一些回忆资料记载，陶铸在广东工作期间，很喜欢登白云山，白云山的许多景点都留下了他的足迹。新中国成立后，白云山风景名胜区最早的系统性开发建设，就是在陶铸任内开始逐项展开的：山顶公园和郑仙岩的总体规划，双溪别墅、山庄旅舍、白云松涛、听涛亭、松涛别院、松风轩、水月阁等极具岭南特色的景点建筑的建设或重修，都离不开他的关照，甚至具体的指导。

对于当时主持白云山系统性开发的总建筑师郑祖良、莫伯治等人的工作，陶铸也经常细致过问，尽最大可能给予帮助。正是在他的领导和支持下，上述景点的建设取得了很大的成功。至今，上述景点中的大多数，仍然作为白云山的核心景点，继续发挥着重要的作用。

在陶铸的过问下，白云山的绿化造林工作很早就起步了。尤其是白云松涛附近，数万株松树的栽植，直接打造了20世纪60年代的“羊城八景”之一——白云松涛景点，成为当时广州市民最热衷的打卡地之一。陶铸本人也经常到白云松涛处观赏松树、倾听松涛。他的散文名篇《松树的风格》虽然没有具体写到白云山上的松树，但其构思写作的起因，不排除与陶铸经常上白云山观赏松树、倾听松涛有关。

20世纪60年代初，周恩来、朱德、陈毅、贺龙、董必武等党和国家领导人都先后到过白云山游览或接待外宾。陶铸往往会亲自陪同并做具体介绍，可见他对白云山风景名胜的了解和热爱。

正因为陶铸夫妇生前非常热爱白云山，非常关注白云山的建设和发展，曾留下遗嘱，希望去世后将骨灰安葬在白云山。因此，1998年11月24日，白云山建起了两位革命老人的陵墓。并且以陶铸生前高度赞誉的“松树的风格”为寓意，将其命名为“松风”。墓碑上的“松风”二字，是著名书法家吴作人手书的。

松风景区的对面，叫“虎头岩”。这里是白云山一处比较少见的岩石完全裸露的地貌。也许是裸露的岩石有点像纵身扑向悬崖的虎头，因而得名“虎头岩”。白云山著名的景泰僧故事中传说：有一天景泰寺内来了一只老虎，为景泰僧传递书信。凌晨时分，山下一条瘦狗发现了老虎的踪迹，连连大声吠叫，老虎便回身追逐瘦狗。景泰僧怕老虎追上瘦狗后杀生，赶紧念动咒语，把老虎化为了虎头岩，把瘦狗化为了现在白云山下的瘦狗岭。

但同样是这些岩石，有人又看着像数瓣展开的莲花，于是在古代，这里连同现在的整个“松风”景区，都曾被称为“莲花台”。

莲花台背倚摩星岭，远眺瘦狗岭，奇石嶙峋，气势雄伟，历来也是吸引游客驻足观赏的地方。莲花台的北侧，现建有一座休息亭，名叫“想亭”，应该是寄寓着浮想联翩之意吧。

虎头岩往北30多米，从云山中路的大路上分出一条岔路，往东可以走进一处陡然耸起的岩石风景点。这块耸起的岩石，远观颇像旧时代广州老婆婆们盘在脑后的圆圆发髻。因此，它的原名就叫“阿婆髻”。

白云山上有两处岭南地方风味特别浓郁的地名。一个是我们在“挑战云山”中将会到达的孖髻岭，另一个就是这座阿婆髻了。

阿婆髻，位于最繁华现代的广州城东南方向，前面又是比较陡峭的悬崖，视野没有任何障碍，是白云山上又一处特别适合凭高远眺的所在。因此，有一段时间这里建起了一座“品云望景茶座”，生意颇为兴隆。

许多熟悉白云山的游客，都习惯在傍晚时分来到茶座，点一份广式茶饮。静静地，一面品茗，一面远观羊城的万家灯火。若是三五知己相聚，沐着自然清风，叙着体己话语，更是闲适惬意。

如今，原来的“品云望景茶座”正在翻新大修，不知建筑围挡拆除后，我们将会见到一个怎样的全新面貌？希望它更加亲民，更加体现浓郁的岭南特色，成为白云山上又一处让人流连忘返的所在。

离开阿婆髻，沿云山中路往北继续前行约1.3千米，公路右侧矗立着一座玲珑别致的小亭子——惠风亭。作为游客们沿途休憩的小景致，惠风亭的建设和命名，本不特别出奇。但亭柱上悬挂的一副对联“山中信步随芳草，亭上闲来倚白云”，却给人留下了非常深刻的印象。

有此一副对联的映衬，惠风亭立即让人神往起来。惠风、芳草、白云，典型的白云山中美景；信步、闲来、漫倚，舒适的人生雅情逸趣。想必，每一个经过惠风亭的游客，读到此对联，都会更加热爱白云山，更加珍惜生命的宁静与舒坦了吧？

惠风亭再往前200米左右，就到了荡胸亭广场。白云山上的两条登山主道——云山中路和云天北路——在此重新交会，合并成了“云山北路”。因此，这里成为整座白云山上方仅次于山顶广场和摩星岭的热闹所在。此地和山顶广场一样，处于白云山的半山腰位置，相对也比较开阔，既可以凭高远眺，又不会过分拥挤。加上旁边有一座小茶室，游客们多喜欢在此稍微歇歇脚，喝点热饮，吃点零嘴。

景区设计者在此建一小亭，并将其命名为“荡胸亭”。应该说，这还是挺有创意的：

一来，无论是从南门登山，还是从西门到此，大概都是一半路程。经过数小时的攀行，游人们已略感疲惫。稍停于此，遥襟甫畅，逸兴遄飞，确实有一种心胸开阔、眼界一宽的感觉。

二来，“荡胸生曾云，决眦入归鸟”是杜甫的名句。杜甫本人虽然没有到过广东，更没有到过白云山，但他的爷爷杜审言，却是最早歌咏白云山的中原文人。设计者在此，似有若无地给白云山增加一点杜甫诗歌的元素，既让白云山沾上点“诗圣”的光辉，又让白云山游客们进一步记住中原文明与岭南文明之间千丝万缕的联系，也是挺有意义的。

从荡胸亭到20世纪60年代“羊城八景”之一的白云松涛，需要行走1.5千米左右。路程中间，虽然也有不少引人驻足的秀美山色，但毕竟不是景区管理者专门设置的景点，在此就不再赘述了。

白云松涛，位于白云山的西北侧，建设时间较晚，与南门上来后看到的各大景点相比，本来是有一定文化劣势的。但它在20世纪60年代，却能被评为著名的“羊城八景”之一，原因何在呢？

原来，白云山从20世纪20年代末开始，在国立中山大学第一模范林场的主持下全面开展造林绿化，当时种的主要树种是松树。可惜，在日军占领时期，这些绿化成果遭受了极大的破坏，仅存的一些成林松树，多数都集中在今白云松涛附近。

20世纪50年代，白云山再次开展绿化整治，当时种得最多的还是松树。松树是造林绿化的先锋树种。在特别贫瘠荒凉的山坡，一般来说，很多树种都不容易种活。但松树却不太挑剔，只要种下树苗，大多数都能够存活下来。因此，白云山开始绿化时，自然选择以种松树为主。

松树在幼苗阶段生长得特别快，绿化的效果也比较好。因此，20世纪50年代在白云山上栽种的松苗，到60年代，绿化效果就已经初见成效了。尤其是在白云松涛附近，30年代的老树和更多的50年代新种的松树齐刷刷地长起，每当有阵风吹过，松针互相摩擦，发出犹如汹涌的波涛般的松涛声。没有真正听过松涛声的人，以为“松涛”二字只是简单的比喻，甚至夸张。其实，真正的松涛声跟大海的浪涛声是非常相似的，一点也没有夸张。

白云松涛景观最美的时候，白云山管理部门在最佳的观赏位置建起了听涛亭。这是一座长型八柱绿顶亭。亭柱为四方柱，给人以更加稳定坚实的感受。亭正面的两根方柱上悬挂着一副对联：“山花入画留芳芷，松浪浮诗挹翰芬。”

1965年，中国共产党的开创者之一、曾任国家副主席的老革命家董必武，在听涛亭侧的一块巨石上，题写了“白云松涛”四个大字。前文说过，陶铸常去的白云山景点之一是白云松涛，因此，听涛亭也经常留下他的足迹。

听涛亭西侧，隔一条马路，还有一座小巧的四柱绿盖方亭，名叫“跃云亭”。亭柱也是四方柱，相对于听涛亭，它高高地挺立在一块岩石之上，似乎有跃升腾飞的意愿。这或许就是它得名“跃云亭”的原因吧。但亭柱上悬挂的对联，却还是在讲松涛：“松影摇风鳞甲动，涛声化雨枕衾寒。”

可惜的是，20世纪七八十年代开始，由于遭受松毛虫、松突圆蚧、枯梢病等松林病虫害的影响，广东各地的松林都遭遇了大批的摧毁。严重的时候，简直就像发生了火灾似的，整座整座的山坡上的松林一大片一大片地干枯死亡。

白云山的松林也未能完全幸免。再加上松树在吸碳吐氧、净化环境、调节气候、保持水土、涵养水源等方面均远不及阔叶树，油脂含量特别丰富，容易引起山林火灾等原因，从20世纪90年代中期开始，白云山管理者开始主动开展“林分改造”工程，适度疏伐山上一些已经遭受病害的松树，补种其他适宜的阔叶树种，以期实现树木生态的良性发展。至此，曾经令广州市民极为自豪的白云松涛美景逐渐一去不复返了。

如今，白云松涛虽然已经听不到松涛声了，但经过整修扩建，整个景区更加开阔大气了。从西门上山的游客有许多走到这里就不再往前走了，不妨在此停下脚步，细细欣赏。游客在此既可以看到周边山林繁茂的景象，也可以凭栏远眺，感受广州北部城区日新月异的繁荣气象。

6

（约90分钟）

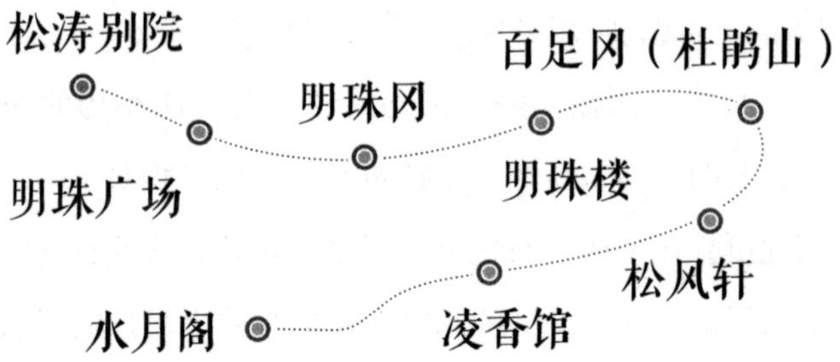

离开白云松涛广场，我们要步行约1.5千米，才能到达20世纪60年代初建设的又一精美建筑——松涛别院。

松涛别院建于1963年。初建成的时候，游客还需要单独购买门票才能进入参观，可见它的精美程度和当时受大众追捧的程度。

松涛别院所处的位置，已经靠近白云山的山脚。此处离西门进来后最大的广场——明珠广场已经不太远。作为60年代初系列建设的白云山核心景点之一，松涛别院也是颇具岭南园林风格的一处精致景观。

由于当时的经济条件有限，所以无论是山顶广场、双溪古寺、山庄旅舍的建设，还是位于明珠广场周边的松涛别院、松风轩、凌香馆等的设计，都努力秉持厉行节约的设计理念。

我们眼前见到的松涛别院，虽然是由当时岭南最著名的建筑设计师之一郑祖良主持设计，但在建筑规格、用料、室内外装饰等方面，一点都看不出过分奢侈的痕迹，而是尽一切可能，充分利用好现有的自然条件，努力将自然景物融合在景点的打造之中，努力让自然的舒适度成为客人最大的感受。

整座松涛别院的布局，也是20世纪60年代那种岭南特色的小别墅组合。设计师把它和谐地放在一条颇有纵深的山涧旁边。面临登山主路的一面，是一个小巧的苑门。从苑门进去，首先是作为餐厅的一组连廊式建筑。连廊的背面是一个蓄山泉水形成的小湖，连廊的飘台直接贴近水面，使整个餐厅的视野变得开阔了许多。

连廊建筑的右上方，才是作为客舍的两座双层小楼。小楼的构造也相当简朴。但由于巧妙地融合于山林水涧之间，整个环境显得十分清幽秀雅。

连廊式餐厅的左边，是一座跨越山涧的小桥。小桥的两侧分别是蓄水小湖和排洪口。排洪口设计成小型人工瀑布，山涧里各种形状的原石保持着自然的形态，泠泠泉水相伴洁白涧石，十分静雅可喜。

沿小湖边，往山溪上方走过去，可以看到小湖的前方还有一口略小一些的水塘，泉水更加清澈。仔细观察，发现它其实是当初松涛别院还在正常营业时的一个天然露天游泳池。

如今，松涛别院已经停业十多年了，整个环境变得荒芜一片、荆莽丛生。但还是有一些了解此景观来龙去脉的游客，自由自在地来到露天泳池游泳。纯天然的山泉水，又没有外人打扰。这些熟门熟路的山客可真是会享受呀！

松涛别院最近的停业，是因为当时有一位经营者租下经营权后，一直没有展开经营。后来更是拖欠了很大一笔租金，导致白云山方面不得不提起诉讼。而租客则直接选择跑路，踪迹全无。

从珍惜宝贵的旅游资源的角度出发，我们期望白云山方面能够尽快了结官司，尽快恢复松涛别院的经营，还广大游客一个精美的山居小别墅景观。这也是整座白云山之幸呀。

从松涛别院再前行百来米，转过两个小弯，眼前豁然开朗。这里，就是白云山内最大的山洼平地——明珠广场的所在了。

明珠广场周边包括明珠冈、百足冈、明珠湖、明珠楼、松风轩、凌香馆、水月阁等景点，被统称为“明珠楼景区”。这个称谓，有时候会使人误以为：“先有明珠楼，然后才有明珠楼景区。”然而，事实上白云山北部游览景观的存在，要远远早于明珠楼。要搞清楚两者的先后，我们就要先搞清楚明珠冈、百足冈的来历。

明珠冈、百足冈的来历，与白云山第三个仙人群体——两位“浮丘丈人”有关。

浮丘丈人的故事，很早就已经在广州地区流传。屈大均《浮丘谣》：“浮丘叔、浮丘丈人同一目。撒豆成金人不知，肩上珊瑚担一束。”

民谣歌唱的是今广州城区中山七路陈家祠附近一座小山浮丘山（据说是浮海而来）上居住着的一老一少两位丈人——年龄更长者被称为浮丘伯，年龄稍小者被称为浮丘叔。有人把这两个仙人完全等同于中原神话中的另一个人——浮丘公（“白云山历史人物浮雕”也把浮丘丈人塑成一个人），应该说是不够准确的。

相传，浮丘伯和浮丘叔两位合在一起只有一只眼睛，但他们却毫不气馁，每日互相搀扶着，坚持自食其力。城里一些百姓同情两人生活艰难，主动给了他们一些麦豆（豌豆）。两人很感激地笑一笑，把收到的麦豆往地上一撒，竟然变成了遍地金灿灿的金珠子。人们这才明白，眼前这两位竟然是神仙！后来，两人又把每天担在肩上的柴束放进一口水井里，人们发现，原来竟是五彩斑斓的珊瑚枝！

这两个其貌不扬，然而却有着神奇法术的神仙，据说早在周秦时代就已经生活在广州了，他们跟郑安期曾是好朋友。大约在宋代，他们再次以“一日清贫”的形象在广州城里现身，其实是为了激励广州地区百姓要勇敢面对困难，要凭借自己的努力去创造更加美好的生活。现在，中山七路附近的积金巷（原名“撒金巷”），以及从宋代到清代都曾得到很多文人咏歌的“珊瑚井”景观（现已湮没），都来源于两位浮丘丈人的传说。

如果说，郑安期、葛洪、吕洞宾、龙泉九仙等云山仙众，原本都是中原地区的神祇，后来才来到了岭南地区，那么，浮丘丈人和羊城祖仙、泰霞九仙一样，都属于地地道道的羊城本土神祇，因此需要我们更加努力地去挖掘他们的文化内涵，去揭示岭南仙俗的独特韵味。

浮丘丈人与白云山的联系，来自一则《五雷镇百足》的精彩故事：

传说，在白云山的西北部，曾有一条修炼了数百年的蜈蚣在山间作祟，毁坏农田，吞噬妇孺。山下的老百姓深受其害，但又没有办法对付它的妖术，只好来到广州城里，请求两位浮丘丈人过去帮忙除妖。

两位浮丘丈人应约来到白云山后，施展五雷大法，将已经修炼成人形的蜈蚣精击回原形，并将其镇压在山石之下，逐渐与岩石融为一体。

蜈蚣精在被击回原形，并逐渐僵化为岩石的过程中，从口里吐出了一粒明珠。这明珠就变成了“明珠冈”（今明珠楼所在的山冈）；蜈蚣精所化成的岩石山冈，被称为“百足冈”（今明珠冈东南侧的一带山冈）；浮丘丈人站在高处施展五雷大法的地方，则被称为“五雷岭”。

浮丘丈人和《五雷镇百足》的故事，让明珠冈和百足冈成为白云山上又一处充满神话氛围的地方。仙踪绿野，晴冈幽谷，最容易激发人们无穷的想象力。

那么，明珠楼呢？

明珠楼，位于明珠冈冈顶。民国初年，此地还只是一座荒芜的小山丘。约1925年，当地居民辟地建阁，祀有神像（估计是两位浮丘丈人的画像）。1928年，经中华民国广东省政府批准，整座白云山划归中山大学管理，成立国立中山大学第一模范林场。林场成立后曾对明珠楼进行过改建。后来，军阀陈济棠（1890—1954）将其作为生日礼物，赠予夫人莫秀英（1900—1947）。莫秀英将小阁改建为别墅。

我们知道，陈济棠主政广东期间（1929—1936），还是颇有建树的。海珠桥、中山纪念堂、国立中山大学五山新校舍、爱群大厦以及广州30多条马路等市政建设均在其主政期间完成。因此，1980年9月，邓小平在接见陈济棠的儿子——陈树柏博士（美籍华人、电子学家）时曾说："令尊治粤八年，确有建树。有些老一辈的广东人还怀念他。"

陈济棠十分宠爱莫秀英。他一生共18个子女，其中七男四女都是莫秀英所生。莫秀英的身份也从小妾转为正室。今海口市有一个区叫秀英区；新中国成立前，海口最大的港口名叫秀英港。这两个地名中的"秀英"，据传与莫秀英有关（1946年—1950年4月，陈济棠曾担任海南地区主官）。

1947年，莫秀英在广州梅花村病逝，陈济棠悲痛万分，作诗悼念："今生最惨丧贤良，夜半孤灯写悼亡；半世救人难自救，可怜儿女梦哭娘。"夫妻感情之深笃，由此可见一斑。

因此，当莫秀英喜欢白云山时，陈济棠也会特别关注白云山的建设。本书“挑战云山”将讲到的“何侠复建白云寺”，正是在陈济棠主粤时期。陈济棠、莫秀英，以及陈济棠的哥哥陈维周，都曾为白云寺的复建出过力。

20世纪30年代初期，陈济棠还专门请来五位德国工程师，花了三年多时间，对白云山的登山主道线路进行全面勘探和规划，最终确定了沿用至今的由“云山路”“云天路”时分时合，共同环绕整座白云山的合理设计。

为什么广州城周边海拔最高的白云山，攀登起来却比广州城附近其他山（如帽峰山、火炉山、凤凰山等）要轻松舒适得多？这并不是天然的，而是拜五位德国工程师长达三年的认真勘探和科学设计规划所赐。

勘探完成后，道路并没有马上建起来。真正的建设是在新中国成立之后。但德国工程师当初的勘探成果对于新中国成立后的建设是有极大帮助的。因此这五位德国工程师的开创之功，仍是应该被记住的。

1938年10月，广州沦陷，明珠楼如同白云山上的许多古迹和林木一样，被日军付之一炬。直到1958年，白云山风景区开始全面打造山北公园（即现在的“明珠楼景区”）时，才依原式修复。“明珠楼”三字横匾，由著名画家吴作人于1979年题写。

明珠楼下方是波光潋滟的明珠湖。环绕明珠湖的北侧、东侧和西侧，则分别是20世纪60年代初重建的白云山系列核心景点中的松风轩、凌香馆、水月阁。

其实，原来的明珠楼及其周边的松风轩、水月阁、凌香馆等，都是1931年前后国立中山大学第一模范林场的几任场主任相继修建的亭台楼阁。这些亭台楼阁的匾额，都是由同样曾担任过场主任的侯过教授题写的。前三座亭楼的命名，均出自唐代李世民《大唐三藏圣教序》中的名句："松风水月，未足比其精华；仙露明珠，讵能方其朗润。"

但还有一座为什么叫"凌香馆"，而不直接叫"仙露馆"？则不知其中原委。从字面看，"凌香""仙露"是有一定联系的。但为什么选择前者，而舍弃后者？目前尚未找到解释。

另外，侯过教授之所以想起用李世民的两句话为四座建筑命名，可能首先还是受到明珠楼所在地明珠冈的启发。有了明珠楼的名字，然后才联想起松风、水月、凌香等其他名字。

20世纪30年代，陈济棠曾命令手下在明珠楼周边广植杜鹃花；新中国成立后，50年代后期，广州市政府建设白云山山北公园，亦在明珠楼周边广植杜鹃花；如今，明珠楼周边仍种植有大量的杜鹃花。以至于广州市民都口口相传：明珠楼东侧的一带山坡（其实就是《五雷镇百足》神话中的百足冈），名叫"杜鹃山"。一个小小的建设细节，不经意之间便坚持了将近百年。真希望这一传统能够长期坚持下去呀！

如果说同时建设的双溪古寺、山庄旅舍、松涛别院都是一些用于接待外宾或贵客的比较小巧的建筑，那么松风轩、凌香馆、水月阁的建造或重修，则是着眼于让普通老百姓都能够参与同乐的建筑。

因此，松风轩的总建筑面积比较大，是一座既有堂食，又有包间、雅座的双层餐馆，可同时容纳许多游客就餐。直到现在，白云山内还没有其他餐馆接待食客的能力能够超过松风轩。

由于建成于20世纪60年代初那个比较艰苦的年代，松风轩并没有显得过于奢华。但在总体节俭的大原则下，建筑设计者还是尽可能地彰显了其豪迈大气的一面。

松风轩的总设计师也是岭南著名建筑艺术家郑祖良。但与松涛别院努力追求优雅别致不同，设计松风轩时，郑祖良就显得大气多了。这种恢宏大气，从两层楼的层高就可以看出来。与现在一些住宅建筑（包括新建酒店、餐馆）为了节省成本，不惜过分压低楼层层高不同，松风轩给人的感觉很宽敞舒畅。因为松风轩的合理层高绝对不会让人产生压抑、逼仄感。

松风轩曲廊萦回的总体布局，也使得客人与客人之间不容易互相干扰。无论堂食还是雅座，都不会过分密集，让每一位食客都可以从从容容、清清静静地享受美食时光。

近年，松风轩因为经营主体改变，在大门口和山崖边挂出的标识都已改变。时移世易，作为连锁品牌的经营者，需要擦亮自己的招牌，我们当然可以理解。但绿林掩映之间，碧瓦红墙之内，白云山老游客们难以忘怀的肯定还是松风轩的雅致名号。

与松风轩一样，现在的凌香馆已经成为一家餐饮公司经营的场所。于是，巨大的霓虹灯招牌也基本掩盖了凌香馆的本来面目，以至于现在跟游客们讲起凌香馆，很多人都茫然不知所云了。

其实，凌香馆的玲珑剔透，在当年同期建设的一批景点中，又是别具一格的。整体架空在明珠湖水面之上的凌香馆，三面环水。其中两面都采用通透的大玻璃窗，明珠湖的滟滟波光自然融为凌香馆景致的一部分。置身馆中，品茗小坐，或者会友闲聊，应该都是很有趣味的。当然，现在羊汤一碗，热气腾腾，照样人声鼎沸。白云山真是餐饮经营的宝地呀！

水月阁位于明珠楼的正下方，本来也是1929年的旧建筑；新中国成立初期已成为残垣断瓦，20世纪60年代初予以复建。水月阁面积不大，多数时间都被当作冰室、茶亭使用。最近的经营者则专门售卖牛腩、豆腐花等广州特色小吃，市民们同样云趋鹜赴。

7 回归林 → 月溪书院 → 西门

（约60分钟）

离开明珠广场后，我们就要踏上“文化云山”的最后一段游程了。从松风轩到回归林，不足1000米，只需要沿云山北路向西北方向步行20分钟左右就可以到达。

回归林，建于1997—1999年。顾名思义，就是为了欢庆香港、澳门回归而建造的现代景点。里面种植有97棵香港特别行政区区花“洋紫荆”，代表香港于1997年回归祖国；99棵“荷花玉兰”，代表澳门于1999年回归祖国（澳门特别行政区区花本是荷花，此处以乔木“荷花玉兰”间接代表澳门）；还有100棵木棉，代表羊城百姓热烈欢迎香港和澳门回归祖国。

转瞬之间，香港回归已经27年了，澳门回归也25年了。见证着中华民族盛世盛事的回归林，也迎来了自己27岁的生日。树木更加婆娑了，园林更加幽谧了。中华民族实现伟大复兴梦想的脚步，也更加矫健踏实了。待到第二个百年奋斗目标实现之日，回归林或许可以升级打造为“民族梦圆林”了吧？

“文化云山”的最后一个景点是月溪书院。从回归林到月溪书院，只需要步行500米左右。

月溪书院建筑群，建造于20世纪四五十年代，前身是一所英文学校。2015年前后，这组已经相当破败的建筑群被改造成一处小桥流水、亭台别院各领风骚的岭南特色园林景观，颇有一种“月桥花院，琐窗朱户，只有春知处”的意境。

其中，最令人印象深刻的一座建筑是听月庐。花窗镂户，古朴静雅的整体风格，再配上一副非常恰切的对联“七八月时无暑气，二三更后有书声”，真让人挪不动脚步了。在这里赏赏月色，避避暑气，读读闲书，该是一种多么奢侈的享受呀！

应该指出的是，白云山上原本有一座月溪书院。《光绪·广州府志》记载：“月溪寺在白云山左，宋太尉苏绍箕建。”明朝时，地方政府曾将月溪寺改建为月溪书院。因此，我们不能把眼前看到的月溪书院和古代的月溪书院完全相提并论。

近一两年，月溪书院常常关门闭户。这是多么可惜的事呀！希望尽快能看到月溪书院开门迎客，希望美丽的岭南特色园林景观能够长期成为白云山令人流连忘返的所在。

从月溪书院出来，再前行约15分钟，就到达白云山的西门了。一整天的“文化云山”游程到此正式结束了。

有文化、有历史、有美景的“文化云山”，仅仅游赏一趟显然是不够的。相信，随着对白云山历史文化的深入了解，我们一定会越来越喜欢游览云山，越来越喜欢发思古之幽情，越来越喜欢寻仙境之渺茫，越来越喜欢享受自然之宁静。

2003年以来，白云山管理局曾多次强调，一定要在白云山大打文化牌，将历史文化遗产的发掘、整理作为工作的重点。作为普通市民，我们也赞成这样的工作一定要一以贯之地坚持下去。这样的白云山，广大游客才会百游不腻，才会越攀登越兴味无穷！

（本线路总耗时约七小时）

第二天

挑战云山

本线路，是专门为精力旺盛、时刻都渴望着挑战困难、实现自我超越的年轻朋友们准备的。

白云山海拔不算太高，因此许多人便以为攀登白云山没有什么挑战性。然而，“挑战”一词毕竟是相对的，跟许多崇山峻岭相比，白云山的确属于比较平缓的山体，挑战它，基本上徒手即可，用不着依赖任何登山设备。但即便如此，如果你下定决心准备一天内攀登完白云山的主峰摩星岭、次峰孖髻岭和另一著名高峰五雷岭，这对于一个攀登者的意志力、毅力和基本体能来说，仍然具有相当大的挑战性。即使是年轻人，如果平时没有经常锻炼的习惯，也不一定吃得消。

本来，整座白云山最陡峭难攀的山路莫过于摩云路。摩云路，是一条呈东西走向的登山台阶路，连接云溪生态公园与云天北路，长2889米，需要攀登1700多级相当陡峭的台阶。但近几年，因景区升级改造等原因，摩云路暂停通行。因此，目前我们没法去挑战这条整座白云山最艰难的攀登路线。

在退而求其次的情况下，我们安排的，是从柯子岭山门开始的“挑战云山”线路。

1 柯子岭门岗 — 梁佩兰墓

（约30分钟）

白云山总共有17个门岗。

从南门开始，依顺时针方向排列，分别为：

南门、**柯子岭门**、五龙谷门、摩云路门、**西门**、**翠竹园门**、广外后山绿道门、冷冻厂门、元下田门、永泰门、**北门**、**云祥路门**、握山村门、荷树林门、**梅花园门**、五仙桥门、濂泉门。

其中，文字被加粗的七个山门，为白云山着力打造的“重点出入口”；另外十个山门，则为“次要出入口”。

柯子岭山门，位于大金钟路，原本是一个比较狭小的门岗。2020年，被列为白云山重点打造的七大门岗之一。经过升级改造后，现在的山门及其附属建筑的布局，从空中鸟瞰，跟五羊塑像非常神似，似乎在诉说着白云山和“羊城祖仙”之间的密切联系。据说，设计者当初并没有刻意把设计效果跟五羊塑像相联系，但最终的建设效果却极其神似。巧合之中，可能蕴含着白云山神奇仙迹对设计者的潜移默化的影响吧。

关于“柯子岭”名字的来历，有传言称由于美丽的山岭上布满了柯子树。柯子树象征着勇敢、坚强、追求完美，故名“柯子岭”。

然而，遍查各种植物资料，却并未见到有柯子树这么一种植物。原来，柯子树其实是广府方言当中诃子树的别称。因广州话“柯”“诃”同音，所以诃子树在广府方言中被谐音通称为“柯子树”。

诃子树，是一种珍贵的佛教植物，原产于印度、缅甸，随佛教传播来到我国南方，广州光孝寺里有种植。然而，现在的柯子岭上并未见到布满诃子树的壮观景象。那么，“柯子岭”之名的来历究竟为何呢？

原来，柯子岭曾是广州地区佛教人士去世后集中安葬的地方，历朝历代广州六榕寺、华林寺的很多高僧、大师去世后，都选择安葬在柯子岭。现在，柯子岭上还有广州目前保存规模最大、数量最多的佛教墓塔群。大多数建于明清时期，面积约100亩，共建有历代住持、僧人等的各种墓塔100多座。

“文革”时期，这些墓塔遭到破坏。现在，仅剩的7座墓、46座墓塔，均被列为广州市文物保护单位。由于与佛教之间曾有着这样一层关系，因此柯子岭上曾广植佛教植物诃子树，绿荫成林，故得名“柯子岭”。（广州另有一个地名“柯木塱”。相传村内曾有一棵“柯木大树”，且所在地势较高而明显，故名。此“柯木大树”，也是诃子树。）

那么，柯子岭上原本绿荫成林的许多诃子树，又是如何消失的呢？

还是毁于日军之手！

原来，日军占领广州城后，曾在柯子岭附近建有武器弹药库。为了防止中国武装游击队伍的接近、袭击，他们便把整座柯子岭上的树木付之一炬。可怜青青诃子林，遭此劫难，竟未曾留下一点残枝败叶！

半个多世纪过去了，由于诃子树是外来植物，树苗的培育和移栽都比较困难，直至2011年，柯子岭上的诃子林仍未能得到恢复。这真是一件非常令人遗憾的事！

国弱民贫，必将遭遇欺凌，白云山上多处景物都在提醒着我们勿忘国耻呀！所以说，白云山作为广州市最重要的爱国主义教育基地之一，确实是当之无愧的。我们每一个生活在和平年代的广州人，都不应该忘记曾经的血泪教训，都应该为祖国的强大、民族的兴盛，尽自己最大的努力！

2011年5月28日，白云山开展了一场“我为云山添点绿，诃林重现柯子岭”的大型公益活动。将从光孝寺内仅存的一棵诃子树上取种培育出来的450棵诃子树苗，分别栽植在柯子岭广场的花池、绿化带、登山步道两侧等地。如今，这些树苗已初步成林。曾经惨遭日军毁坏的柯子岭传统美景，或将很快重现于白云山麓。

柯子岭，粤语谐音“屙仔岭”。在崇尚多子多福的年代，这里曾经是广州市民结婚时，嫁娶花车必须专程行经的地方，以便讨“多子多福”（“屙仔”多多）的彩头。

“挑战云山”，是一场比较艰苦的体力和毅力挑战。因此，进入柯子岭山门后，我们最好先在山脚下来一场舒筋活络的准备活动。

与此同时，我们不妨先了解一位大概400年前的岭南文化老前辈，进行一次灵魂的交流。这位文化老前辈，就是著名的“岭南三大家”之一——梁佩兰（1630—1705）。

梁佩兰，字芝五，号药亭、柴翁、郁洲。祖籍南海县西浦乡西浦村。清初诗人，与屈大均、陈恭尹合称为“岭南三大家”，又与程可则等六人并称为“岭南七子”。

梁佩兰年近六旬第七次赴考，才终于考取进士。说起来，他的人生际遇并不算特别顺畅。但其性格却并不为坎坷的人生所摧折，其诗歌往往意境开阔、笔力雄健俊逸，为当时各大诗派所一致推崇。晚年在京城，梁佩兰曾与王渔洋、朱彝尊等人共同主持诗坛，为岭南诗歌赢得了一席之地，因此成为岭南文化界引以为豪的重要文人之一。

梁佩兰与其夫人何氏的合葬墓，位于白云山柯子岭的南麓，距离柯子岭山门很近。进山门后，左拐不到100米就可以见到。该墓地原建于清康熙五十年（1711），曾几经重修。现在所见，是清道光六年（1826）重修后的建筑，虽然外观已比较沧桑，但总体保存尚好。该墓于1983年8月被广州市人民政府列为广州市重点文物保护单位。

梁佩兰的对联“偶值放衙闲啸咏，何妨拄笏对云山”，表现了封建时代官宦文人寻觅自然娴雅生活、追求心灵舒适自由的心态，现被悬挂在广州碑林入口上方的门廊处。

参拜完岭南文化名人梁佩兰的陵墓后，我们就要开始一长段“与龙同舞”的美妙游程了。

从柯子岭山门自西向东一直往上攀登，直到云天南路的一长段登山小径，被命名为“云柯路”。为什么说这是一段“与龙同舞”的美妙游程呢？原来，云柯路上，目前共有五座亭台的命名都与“龙”有关，它们分别是龙藏亭、龙啸台、龙兴亭、龙腾亭和龙翔亭。

究其原因，应该是因为云柯路的两侧，都曾有过非常丰富的关于“龙”的传说：云柯路的南侧，今景泰坑一带，古代曾被称为“九龙坑”；云柯路的北侧，至今仍有一个山谷被称为“五龙谷”（即今白云山“五龙谷门”所在之处）。这些九龙、五龙，显然都是中国传统文化中的“龙”图腾，其在岭南文明中留下了深刻的烙印。

从改革开放后建设的这五座亭台的命名可以看得出来，命名者们对《易经》等中国传统典籍中关于龙的各种活动形态的描述，都是非常熟悉的。他们依次将龙的藏、啸、兴、腾、翔五种形态，分别作为云柯路上自低至高的不同亭台的名字，让我们一路感受着中国龙从内敛、蓄势，到昂扬、奋发，最后实现自由翱翔的不同精神状态。

作为“挑战云山”的起点，云柯路上一路与“龙”相伴，随龙翔舞的浓郁文化氛围，对于鼓舞我们的挑战勇气、激发我们的探索欲望，也是非常有意义的。

云柯路刚开始是一段不是很陡的上坡，偶尔有些台阶，但不会觉得很艰难。沿着这段上坡路，仅仅行走350米左右，就可以来到龙藏亭了。

龙藏亭，是一个中规中矩的方形小亭子。四角四柱，顶盖为黄色琉璃瓦。除了亭的正面，其余三边都设计有供游客休息、娱乐的靠背条椅。但此处离山门很近，需要在此休息的人并不太多，因此显得颇为清静。通常只有一些带书来阅读或者将亭子用作锻炼场地的游客喜欢在这里停留。

离开龙藏亭，云柯路继续保持着平缓中略有攀升的状态，引领我们逐渐翻过一个小山包，再蜿蜒伸展，向白云山的腹地前进。大概经过400米后，我们就来到了龙啸台。

龙啸台，占地40平方米左右，主体是12排由低至高排列的水泥长凳。长凳前有几平方米的空间。这是一个由民众自发建起的歌唱平台。平时，一些热心群众会在这里挂起一张张用大白纸抄写得工工整整的歌谱，供大家齐声高歌；一些懂音乐的人还会主动站出来指挥。他们唱的多是一些像《山丹丹开花红艳艳》《天路》《北京欢迎你》《英雄赞歌》等经历过时光冲刷的老歌。许多爬山路过的人都会停步跟唱。指挥的人、跟唱的人、路过的人，脸上都洋溢着灿烂的笑容，心里都充满着无限的温馨。

后来，善解民意的白云山管理者还主动在空地上搭起一个不锈钢棚架。棚架下，置一根长条钢筋，用于挂歌谱纸，以保护歌谱纸不被雨淋日晒，这个细微体贴的举动非常暖心。

龙啸台，本应是神龙啸吟的所在，如今却每日充满了市民和游客的欢声笑语、嘹亮歌声。这种天人和合、吉祥安乐的氛围，在作为旅游胜地的白云山能够长期保持，真是一件非常令人欣慰的好事呢！

从龙啸台前行仅240米，有一座叫作“龙泉居小卖部”的建筑。这是又一座与龙有关的建筑，如果把它也算作一个景点的话，那么云柯路上就有六个带“龙”字的景点，一路与游客相伴。

龙泉居小卖部两侧各有一座不是很高的山头，山头上分别矗立着龙兴亭和龙腾亭。这两座小亭大致相似，都是四角四柱，但顶盖造型不同。龙兴亭在四角顶盖上竖起三个宝葫芦状的尖顶，龙腾亭则在四角上再立起一个三角形的拱顶。总的来说，龙兴亭的建筑比龙腾亭要阔大不少，它的亭基也比较宽，竖立在三层台阶之上。台阶下还有一个不大的广场，可以供游人休息娱乐。因此，通常情况下，龙兴亭的人气会比龙腾亭的更旺一些。

龙兴亭、龙腾亭，寓意神龙从“龙藏”“龙啸”等总体蛰伏的状态中亢奋起来，终于奋然跃起，腾飞九天。中华文化中，神龙这种昂扬奋发的精神，对于激励每一位正在攀登或者曾经攀登过云柯路山径的游客，在自己的人生和事业上积极拼搏、奋发向上，都是非常有启迪意义的。

穿过龙泉居小卖部和龙兴亭、龙腾亭后，我们将迎来一段非常平缓的绕山路，大约600米，沿着山腰绕来绕去。这是一段非常令人心旷神怡的行程，山间绿树荫浓、空气清新、蜂飞蝶舞、鸟语花香，多数时候行人也不多。往往是那些比较熟悉白云山的游客，才会刻意避开南门、西门等游客过于集中的入口，选择走这一段十分悠然自得的行程。

走完绕山路，我们便来到了龙翔亭。

龙翔亭是一座十二柱、双层八角的亭子，是整条云柯路上最恢宏阔大的一座亭台建筑，以神龙腾跃九天，自由自在地翱翔巡游于辽阔的天空为寓意。亭台的建设者把龙翔亭建得特别开阔，应该也是为了配合神龙翱翔的开阔眼界和自由奔放吧。

龙翔亭周围种植着许多树龄比较久远的马占相思，使得整个环境蓊蓊郁郁，特别适合游人静心休憩。近年来，经常有一些山友自带简易的音响，在此唱卡拉OK，自娱自乐。

从龙翔亭开始，我们将迎来一段比较陡峭的阶梯上坡路，台阶加起来应该超过800级。这是“挑战云山”线路给我们的第一次考验。从这里，可以直通到云天南路靠近黄河石广场的地方。

攀登了300多级台阶后，我们会遇到一座四柱四角绿色顶盖的无名小亭。此亭景观甚好，又处在攀登了数百级台阶之后的位置，非常适合游客停留小憩。然而，遍查地图，它都仅被标注为无名小亭，不免有些遗憾。想来，云柯路上，我们一路都与“龙”相伴，如果把此亭命名为与龙有关的“龙怡亭”，不是很好吗？姑且把粗浅的想法记录于此。

云柯路这一段东西走向的上坡路，先后与两条南北走向的登山小径相交。这两条小山径，一是从城建林经景泰寺旧址下方，通往鸿波山庄的山径；二是从城建林经景泰寺旧址上方，通往长寿路（即健康路）的山径。两条山径，行经的地方相似却不相同。不知道为什么把它们都命名为“云寿路”。

云柯路的终点，即云柯路与云天南路交会的地方，现在建有一座开阔的观景台。站在观景台上，可以纵情览观广州市区从东南到西北方向的多数景观。凭高远眺，视野辽阔，胸襟一宽，我们攀登云柯路的疲惫立即烟消云散。

作为日常生活在广州城里的广州市民，有机会从云山高处俯瞰自己所居住的城市：白天高楼大厦，鳞次栉比，日新月异；晚上万家灯火，交相辉映，闪烁迷离。应该说，这样一个新观景台的设计，对于山顶广场白云晓望、白云晚望等景点的人流，会形成比较有效的疏散；对于多数游客来说，游览视角又有了更多的选择；对于游客的登山游赏体验，则无疑会有一个比较大的提升。

按照云柯路上“一路与龙同舞”的既有精神脉络，此观景台似可命名为“瞰龙台”。

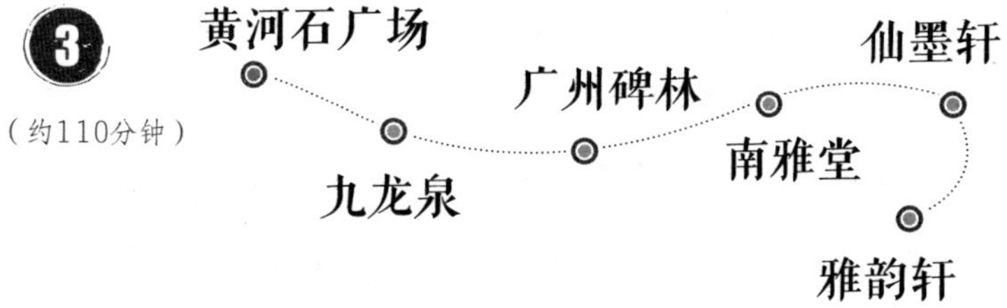

从云柯路的终点进入云天南路后，我们将由西向东前行430多米，到达黄河石广场。

黄河石广场，是运用岭南造园艺术手法精心打造的一个文化景区。

2007年，白云山风景名胜区管理局成功引入一块来自黄河上游兰州市的黄河奇石，设置在黄河石广场上。黄河，是中华民族的母亲河。黄河文明、长江文明、珠江文明在中华民族的大融合中，共同铸就了中华文明的璀璨辉煌。黄河奇石落户白云山，可以说大大增进了黄河文化和珠江文化之间的情缘，与山顶广场的“两江情缘”石，可谓相得益彰。

黄河石广场，利用黄河石与白云山自身岩体的大小组合，进行合理的构图，在以林木花草为主的白云山整体景观中，造就了一处别具一格、引人注目的奇石广场造型景观，大大丰富了人们对白云山园林景观多样性的认识。

从黄河石广场往东南转弯后，再往东走不到250米，就来到我们在“文化云山”中曾经到达过的“云潫”景观的右侧。在此，沿云山南路继续往北走，转两个弯，便到达白云山第四个神仙群体“龙泉九仙”所在的景区——九龙泉。

龙泉九仙，传说是龙王的九位太子。其实，全国各地关于九龙泉的传说非常多，广州白云山的九龙泉故事只是国内众多龙泉传说中的一个版本而已。

然而，白云山的龙泉九仙故事，由于有郑安期的参与，其情节、氛围更加生动真切：

传说，当年郑安期在白云山中采药，口干舌燥，四处都找不到解渴的泉水。此时，却发现半山腰处有一群白白胖胖的小孩子正在快乐地嬉戏。郑安期心想：这白云山明明是荒山野岭，怎么会有这么多小孩子在这里无忧无虑地玩耍呢？他猛然意识到，这些孩子一定是龙王的九位太子。

于是，他赶紧奔跑到孩子们嬉戏的地方。果然，正在玩耍的孩子们一看有人来，马上化作九条龙，直飞上天而去。郑安期就在孩子们刚刚待过的地方往下挖掘，很快就找到了甘甜清洌的水源。这水源是由九龙太子带来的，因此人们称其为“九龙泉”；同时，由于这眼泉井最早是由郑安期发现的，所以又叫“安期井”。

长期以来，人们都认为九龙泉井的泉水有金石气味，特别适合泡茶。因此，抗日战争之前，广州西关不少茶楼还专门雇用工人到九龙泉取水，供茶客享用。这些取水的工人，往往在取水的担桶上插着写有“白云山九龙泉水”的小旗子，一路招摇过市，以吸引更多的茶客到茶楼里叹茶。这个极富广府城市特色的民俗景观，也是因为日军的入侵而黯然消逝的。说来令人扼腕！

龙泉九仙不仅为白云山带来了珍贵甘甜的泉水，而且传说中他们乘云化雨的能力让农耕文明时代的老百姓非常钦羡，因此他们还被老百姓敬奉为广州地区农事生活的保护神。白云山有龙泉九仙踪迹的地方，并不局限于九龙泉：景泰寺旧址所在的景泰坑，在南朝景泰寺建造之前，原本叫九龙坑；双溪古寺里，五宝泉井的挖掘，据说也是因为九龙仙人托梦，人们才知道那个地方有泉水。

清乾隆时期（1736—1795），白云山周边的老百姓曾在磨刀坑（今白云山北面同泰路附近），发起建设一座九圣宫（又名九龙庵），用来祭祀白云山上的九位龙神。在官员的奏请下，乾隆皇帝还御书“灵泉昭贶（kuàng，赐赠之物）”四字，以示对九位龙神的尊崇。

由于龙泉九仙故事在白云山文化史上的影响深远，因此，1992年广州市政府在兴建旨在弘扬岭南历史文化、充满园林特色和诗情画意、占地16000多平方米的广州碑林新景区时，在作为广州碑林景区一部分的九龙泉景区范围内，设计了非常多的“九龙”元素，如九龙泉牌坊、九龙壁、九龙柱、九龙戏珠图、龙纹木雕等（鸣春谷大鸟笼内，也建有“九龙童子与龙王嬉戏”的塑像）。

其中，九龙泉崖壁上精雕细刻的巨幅九龙壁，是目前整个广东省规模最大、做工最为精美的龙壁；而矗立在十二柱方亭前的两根九龙柱，每根重9.9吨，高6米，直径1.1米，无论在重量、高度、直径还是雕刻工艺的精美程度上，皆为全国龙柱之极品。

这些栩栩如生、活灵活现的“九龙”元素，与九龙泉景区早已存在的龙泉九仙故事相得益彰，为现代游客带来了更多生动丰富的遐想，为白云山景区的文化内涵建设带来了更大的提升。白云山九龙泉景区的打造，可谓是地区优秀传统文化为现代文明生活增光添彩的一种极为有益的尝试。

现在九龙泉景区和广州碑林景区所在的地方，是白云山上曾经存在的另一座著名寺庙——白云古寺的遗址。

白云古寺，曾经是白云山上海拔最高的寺庙，此地古代曾有一个白云洞，洞前风景幽秀。相传，南汉（917—971）时，僧人性实见此处景观殊异，慨然立誓筹资建起一座寺庙，并依白云洞之名，命名为“白云寺”。寺前有九龙泉井，寺北为宝象峰。

明清时期，白云寺曾多次湮没，后又被民众重建。1916年，清代修建的旧寺被军阀龙济光拆毁。1931年，曾任国民革命军第三十三军副军长的大埔籍诗人、书画家何侠（1891—1968）又积极推动白云寺的复建。在时任国立中山大学校长许崇清的支持下（当时整座白云山都属于国立中山大学第一模范林场管辖），复建工程顺利完工。

然而，好景不长，刚刚建好的白云古寺在抗日战争中（1938年）被日军焚毁。日军还将白云寺的建筑材料拆到摩星岭处，用作日军兵营建设的材料。如今，白云寺遗址仅剩下一堵半截的残墙。

现在，白云寺遗址的大部分范围都已经成了20世纪90年代初建设的广州碑林的一部分。

广州碑林于1994年建成开放，原本和九龙泉景区一起收费五元。2008年，根据广州市委、市政府的要求，景区决定全年免费开放，为广大游客带来了更加纵情快意的旅游体验。

广州碑林，总面积16000多平方米，摆放了大小碑刻近300块。碑刻的内容，多是古代至现代许多著名文人骚客歌颂岭南、羊城、白云山等独特秀丽风光的诗、词、歌、赋；书法方面，除了“仙墨轩”中收藏有一些古人的墨宝真迹外，其余多为20世纪90年代广州市各位著名书法家创作的作品。

广州碑林里的各种书法佳作，以室内置碑、室外立碑、摩崖碑刻等不同形式，融汇于独具特色的岭南园林建筑与九龙泉景区的自然胜景之中。广州碑林的建设，既彰显着岭南文化的悠久传统和灿烂辉煌，又为现代热爱诗词歌赋创作和书法艺术的后学们提供了许多宝贵的临摹范本。

进入广州碑林，我们首先看到的是迎面崖壁上镶嵌的一幅巨大的“白云山历史人物浮雕”。浮雕上共展示了19位著名历史人物的形象。他们分别是（从左至右）：

郑安期、马援、葛洪、浮丘公、吕岩、景泰僧、康与之、苏轼、崔与之、李昴英、陈子壮、张家玉、陈邦彦、黎遂球（字美周）、张二乔、屈大均、张维屏、冯子材、刘永福。

关于以上19位白云山历史人物，本书在不同的章节里会分别介绍他们与白云山之间的密切联系。

广州碑林中，最引人注目的一块碑刻是《白云山赋》碑。这块碑林中最为巨大的石碑，重约4吨，坐落在广州碑林入口的左侧。碑文内容的作者，是明代著名文学家黄佐（1490—1566）；书法作者则是当代广东省著名文人、书法家徐续（1921—2012）。

《白云山赋》首先叙述了白云山在岭南，尤其是在广州地区的重要地理形胜。然后，描写了白云山从高到低，从东、西、南、北、中不同方向可以看到的雄奇壮丽景象：细到“水石皆异，姿态如仙”，远至“溯祖龙（秦始皇），访至人而不得；慨宋帝，留御墨而空传”。接着，作者用大段大段的笔墨详细描述了白云山一年四季美丽怡人的特色风光，以及游人骚客们沉醉于美景之中的种种赏心乐事。读之，真的能够使人心驰神往，欲罢不能。

《白云山赋》虽然没有柳宗元的《永州八记》和欧阳修的《醉翁亭记》名气大，但其描述我们身边原本并不算特别奇险高峻的白云山，却能够写得大开大合、气势如虹。可以说，作者的文字功夫确实是十分了不得的！我们觉得，每一位真正热爱白云山的山友，都应该认真读一读这篇从古至今描绘白云山最为成功的文章。相信在它的引领下，我们对白云山的理解一定会更加深入，更加幽邃，更加充满无穷魅力！

除了文章内容优秀外，《白云山赋》石碑的书法也气沉力健、挥洒自如，与原文可谓相得益彰。

广州碑林在建设之初，被设计为摩崖石刻区、南雅堂、仙墨轩三个大型景区。

其中，摩崖石刻区里有一副对联，令人印象最为深刻：“四面有山皆入画，一年无日不看花。”大自然的山色、花颜，对于人类精神世界的充盈，具有多么巨大的价值呀！真正努力去亲近白云山的山色和花颜的人，无疑是幸福的。

南雅堂景区是根据清朝曾经存在过的建筑——南雅堂而建造的。清朝后期，“粤中三子”张维屏、黄培芳、谭敬昭曾在白云古寺旧址内建屋数间，组建诗社，谈诗论文。这就是当年的南雅堂。

如今我们看到的现代南雅堂，以室内置碑为主，供人们细心研摩、品赏临习。偶尔，一些文人雅士也会相约聚集于堂中，研文习字，探讨中华传统文化。南雅堂也因此真正成为岭南雅文化的一座高雅殿堂。

南雅堂内的诗刻，内容多为谢灵运、杜审言、韩愈、刘禹锡、李商隐、苏轼等历代名家之作。书法则为今人习作。

广州碑林三个景区之中，真正收藏有古人墨迹的是仙墨轩。可惜，由于近年仙墨轩正在闭门整修，我们无缘进入里面细致观摩。据网友介绍，这里保存有明代岭南著名理学大家陈献章的墨迹诗刻《应试后作》，还有晚清戊戌变法领袖康有为的一通诗刻《骑马游登山顶》。通过这些碑刻，我们能够深深感受到岭南厚重的历史文化积淀。

明清时期，岭南许多诗人都曾先后在白云山结社论诗。知名于世的诗社有南园诗社、越山诗社、后南园诗社等。这些诗社中，聚集了在“文化云山”中提到的陈子壮，刚进入柯子岭山门时祭拜过的梁佩兰，以及南雅堂的创建者张维屏、黄培芳、谭敬昭等诗人。

这些诗人当年聚集活动的地方，主要就在白云古寺，即现在的九龙泉景区和广州碑林景区内。因此，当我们徜徉在诗词书法琳琅满目的广州碑林景区时，其实时时都可以感受到“尚友古人”的雅情逸韵。

正说着雅情逸韵呢，我们一抬头，却见眼前兀立着一座“雅韵轩”。

我们看到的雅韵轩，原本是广州碑林景区的景观之一——宝章楼，现在由一家茶艺馆承租经营，仍挂着“雅韵轩”的招牌。

4

（约80分钟）

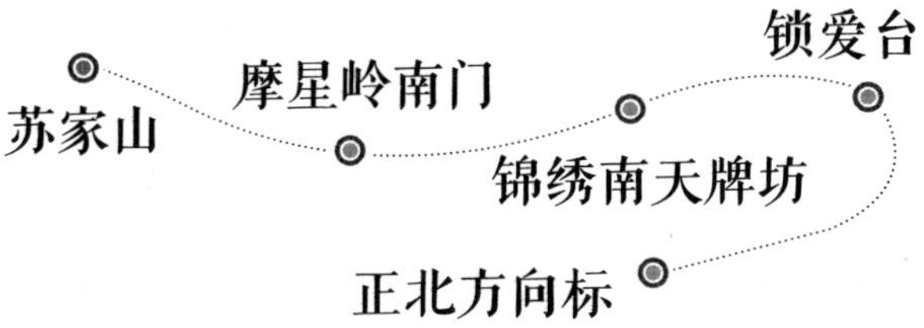

从雅韵轩出来，我们就结束了广州碑林景区的行程。接下来，我们将沿栖霞岭上的云天南路，向白云山的最高峰摩星岭进发。在进入大家早已倾心向往的摩星岭景区之前，我们还会先见到一个与大文豪苏东坡有一定关联的景点——苏家山胜迹。

从雅韵轩到苏家山胜迹，大约需要步行600米。这是一段平整的柏油路面，但因多数路段都需要向上攀升，行走起来也并非完全轻松自在。

苏家山，是宋代苏绍箕购下的一处祖产，其本人去世后也安葬于此。现在我们看到的苏家山胜迹，主要就是苏绍箕的陵墓。这个苏绍箕到底跟大文豪苏东坡有什么关联呢？

据广州天河区车陂街道晴川苏氏家族的族谱记载，今保存在车陂街道的晴川苏公祠，初建于明成化年间（1465—1487），至今已历经550年左右。而晴川苏氏的始祖，就是苏绍箕。

族谱中记载：苏箕（1088—1150），又名苏绍箕，字嗣良，号晴川。北宋苏东坡之孙、苏迨之子，生于广东南雄珠玑巷。北宋崇宁四年（1105）中武举，历经抗金，为宋高宗赵构南渡护驾，官至太尉。后因岳飞遇害，感觉到政治险恶的苏绍箕，于南宋绍兴三年（1133），以伤残为由，获准回归南雄养病。随后，再遇兵乱。苏绍箕便携家眷从南雄进一步南下，定居广州。苏绍箕本人则选择隐居白云山，建起了月溪寺。南宋绍兴二十年（1150），在白云山颐养天年七年后的苏绍箕，卒于白云山月溪寺（即今山庄旅舍所在地），葬于摩星岭侧，享年62岁。

关于苏绍箕究竟是否确为苏轼之孙、苏迨之子，争议颇多。我们认为：

第一，晴川苏氏族谱的记载自有其依据，并且晴川苏氏家族坚持这个说法，是500多年来一以贯之的。

第二，目前，四川眉山三苏祠和河南郏县三苏墓的三苏祠都承认苏绍箕是苏轼之孙，并且在祠堂里设立了相关的子孙牌位。这说明，东坡家族内部是认可晴川苏氏的说法的。

第三，据《白云山探今》记载，1962年，郭沫若也曾对此做过一些考证，认为苏绍箕就是苏迨之子。

基于上述理由，我们认为，社会各方有必要尽最大努力考证清楚相关史迹，揭开历史迷雾。在此之前，如果没有更加确凿的证据，我们不应该轻易否定这个说法，应该以最大的善意，尊重晴川苏氏一族的族群感情，沿用苏绍箕为东坡后人的说法。

从“文化云山”行程中我们知道，大文豪苏东坡的云山足迹和诗歌作品，早已从文化方面为白云山增色不少。如果苏绍箕为东坡之孙的事实能够得到进一步的确认，对于白云山景区的文化建设，毫无疑问将是非常有好处的。衷心期待关于这方面的研究能够尽快取得更大的进展。

从苏家山胜迹回到云天南路后，只需再前行三四十米，就到达摩星岭的南门了。

摩星岭，原名碧云峰，位于白云山苏家山与龙虎岗之间，海拔382米，雄踞白云山30多座山峰之首。宋、明以前，虽然还没有具体被命名为“摩星岭”，但明嘉靖年间（1522—1566）的黄佐，在其《白云山赋》中已经有白云山“巅可摩星”的赞誉。因此，清康熙年间（1662—1722）修订的绘有白云山图的《广东志》，遂在卷首率先称此峰为“摩星岭”。

登临摩星岭，一年四季均可饱览整座白云山披绿顶翠、郁郁葱葱、山花烂漫、生机勃勃的无穷美妙景致。由于身处广州城内最高峰，天气晴朗时，视力好的人甚至可以直接看到远处的珠江从城外蜿蜒流淌入城。云山、珠水，岭南文化的两个重要地标，在这里可谓交融为一体。这是每一位热爱岭南文化之人都会心驰神往的所在。

在不同的天气登临摩星岭，将会有各不相同的收获：晴空万里，极目远眺，羊城各种现代化都市建筑尽收眼底，可谓星罗棋布，蔚为壮观；雨雾绵绵，视线受阻，都市风光，隐然若失，却可观赏“白云山上白云飞，白云山下白云浮”的另一番美妙风姿。

从摩星岭南门进去一段路后，可见一座题额为“摩星岭”的牌坊。牌坊两侧有一副篆书对联：“珠海光大地，云山竞登攀。”牌坊的题额、撰联以及书写者，均为中山大学教授商承祚（1902—1991）。撰书时间为1982年10月。作为当代著名的古文字学家、考古学家、金石篆刻家、书法家之一，商老的这份墨宝，为摩星岭增色不少。

穿过摩星岭牌坊，继续上攀一小段路后，就可以见到另一座纪念牌坊。其上的“锦绣南天”四字题额，为1965年朱德元帅登临白云山时所题。

牌坊两侧，有一副对仗精巧的对联，撰联者为岭南著名学者刘逸生（1917—2001）、徐续，书写者则为著名书法家梁鼎光：

溟海昔屠鲸，到此日整顿南天，低回汉雨秦烟、九龙丹井；

云山今倚马，问何人笑谈前史，指点唐碑宋刻、五岭红棉。

对联模拟当年朱德元帅登临白云山时的心境，指点江山，激扬文字，胸襟十分豪雄壮阔：上联感慨中国革命历经波涛万状，改天换地之后，已进入努力建设岭南，低回汉雨秦烟、九龙丹井的从容时节；下联描述朱德元帅倚马云山，与友人相聚，笑谈历史（应该包含中国革命史和岭南文化史），指点唐碑宋刻、五岭红棉的愉悦心情。

“屠鲸”，喻朱德元帅作为中国人民解放军总司令，曾经率领百万雄师，击退了国民党军队；“倚马”，则是赞誉朱德元帅的文思与才情（成语“倚马可待”“倚马立就”“倚马成章”等，都是赞誉创作者文思敏捷、才华横溢的词语）。

整副对联，内容雄奇壮丽，十分贴合朱德元帅的“锦绣南天”的题额，属对也严谨工整。有人曾指出：上、下联倒数第二个字“丹”和“红”，有合掌之嫌。但这是误解。因为“丹井”的“丹”，是指郑安期、葛洪他们炼制的丹药。“丹井”是炼制丹药之泉井，而不是红色之泉井。因此，此“丹”字与红棉的“红”字，并不形成合掌。

通过锦绣南天牌坊后，很快就到达摩星岭峰顶了。

作为广州地区的第一高峰，摩星岭可谓广州离天空最近的地方。广州市民很早就形成了在此倾吐誓言的习惯。尤其是那些沉浸于爱情相思之中的青年男女，更是习惯在此表白、立誓。因此，这里便自发形成了一个纪念爱情誓言、祈盼天长地久的民俗景观——锁爱台。

白云山管理部门顺应民情，在此既设置了钢架铁链，供游客们悬挂铭誓所用的各种信物，又专门竖立了一块碑石，大书“锁爱台”三字，清晰指示锁爱台之所在。如今，摩星岭的锁爱台上，挂满了各式各样的祈福牌匾和连心锁等信物。

锁爱台近旁，一座指向正北方向的方向标，更加引人注目。方向标既标明“摩星岭·海拔382米”，又醒目地注明了“北京1900km”，指引着每一位游客对祖国的首都心向往之。当然，这也鲜明地象征着岭南文明一直在向祖国的核心紧密地靠拢着！

5 摩星岭北门 → 竹溪 → 桂花园餐厅

（约100分钟）

从摩星岭顶峰下到云天北路，可以选择摩星岭北门或摩星岭西门两条不同的道路。今天，我们选择走摩星岭北门。因为，如果走西门的话，下到云天北路后，还需要前行933米，才能到达我们在“文化云山”行程中已经到过的荡胸亭。

从摩星岭顶峰到摩星岭北门，又需要走一段比较陡峭的阶梯路。这段比较陡峭的阶梯路，共有500多级台阶。如果是从摩星岭北门直接攀登上顶峰的话，这段路还是相当具有挑战性的。今天，我们是从顶峰往下走，本来应该略微简单一些，不过，到现在为止我们已经不间断地走了将近六个小时了，因此这段台阶路对我们来说，也具有一定的挑战性。

摩星岭北门出口的东北侧，就是荡胸亭。荡胸亭旁边有一个简易的小卖部。对于参与“挑战云山”行程的朋友们来说，这是一个比较理想的中途歇息地。建议大家可以在这里吃点东西，并做一段时间稍长的休整。

从荡胸亭小卖部出来，我们将迎来一段超过2千米的长途漫步。其间，我们会经过在“文化云山”行程中已经到过的白云松涛，然后到达桃花涧的南门。在这里，我们将见到一处颇为幽静的所在——竹溪。

竹溪幽谷，坐落在桃花涧的西面，占地约5万平方米，植被以野生竹林群落为主。来到竹溪，我们首先进入的是连接桃花涧南门（即桃花涧上方出口）西侧与黄婆洞水库的一条竹间小径。小径一开始是一小段比较陡的台阶路，然后进入长着许多原生态竹子的林间小道。小道平时游客不太多，但我们千万别错过它哟。

由于人为干扰不太大，竹溪里除了竹林是原生态的，小溪边还生长着不少野生石菖蒲。整座白云山，数这里的野生石菖蒲数量最多、长势最旺，比流传着郑仙神话的“蒲谷”还要多。每年1月，是石菖蒲开花的季节，这里的石菖蒲花格外惹人怜爱。

我们家在游览竹溪的过程中，还曾经亲眼见过山溪里的野生螃蟹，以及山溪边的野生植物鬼灯笼、紫玉盘等。鬼灯笼和紫玉盘的花、果都非常迷人，常常让人过目难忘。因此，即便我们原本只是带着“挑战云山”的一片豪情开始踏访竹溪，如今，我们也应该努力静下心来，好好享受一番竹溪那一片原生态的竹林溪涧美景。

从竹溪底部的小水塘东侧向上攀登数十级台阶后，我们就来到了桂花园餐厅。

桂花园餐厅，位于明珠冈冈顶。准确位置其实就是在“文化云山”行程中我们曾经到过的明珠楼的西侧。不同的是，今天我们是从明珠冈的西侧小径登上了冈顶；而在“文化云山”行程中，我们则是从明珠冈的东侧台阶路登上明珠楼的。

作为整座白云山上价位最低的餐厅，桂花园餐厅在明珠楼景区已经存在很久了。24年前，我们家刚刚开始爬白云山时，桂花园餐厅就已经在此营业了。至今，它仍然是整座山上最平民化、最朴素的露天餐厅。

桂花园餐厅的存在，对于许多热爱白云山的普通广州市民来说，实在是太重要了：周末，约上三五好友，爬一趟白云山。想运动量大些，就从白云山南门上山，走到桂花园餐厅需要四个多小时；想运动量小些，就从西门进山，走到桂花园餐厅只需要两个多小时。

累了，就到桂花园餐厅坐下来，泡上一壶茶，天南海北地畅聊一番。同时，点上一些最具广府特色的家常小菜，边吃边休息。餐后，再优哉游哉地走出白云山西门，回家！这是许多广州市民理所当然的周末度假选择。

假如是退休的老先生、老太太们，那更是不限于周末了，他们有可能每天都会待在富含负离子的白云山上。对于广大普通市民来说，桂花园餐厅这样的平民化服务就太及时、太重要了！

6 （约160分钟）

孖髻岭 — 五雷岭 — “广州市界”碑石 — 北门

从桂花园餐厅出来，我们就要开始从山脚直接冲上白云山次高峰——孖髻岭的挑战之行了。

这是又一段由许多台阶构成的攀登路径。从松风轩南侧的一条登山小径出发，一口气登上孖髻岭的话，需要35～40分钟。

孖髻岭，位于松风轩背后的一带山岭上，海拔将近300米，顶端有两个形似小女孩发髻的山峰。因此，广州人形象地称其为孖髻岭（孖，是广州话“双”“两个”的意思）。

孖髻岭顶端，东西两边均呈悬崖峭壁的状态，好在因为绿化保护得比较到位，两边的悬崖都已经被绿色覆盖，不会让人觉得过分惊悚。不过，孖髻岭峰顶由砂质岩构成，土壤很薄，不容易保持水分，因此，绿化保护更需要谨慎。近两年，有关管理部门在整治环境的过程中，曾经把峰顶上特别适合生长在砂质岩上的野生植物羊角拗砍掉不少，这是十分令人心疼的。

孖髻岭的两个顶峰，各自建有一座小亭。无论站在哪个亭边，倚栏西望，你都会见到一幅层峦叠翠、苍茫秀美的天然画面。沐浴在翠色丛林中的你，似乎已经忘记自己正处在现代化广州城的层层包围之中。亲近自然，醉享森林，对于拥有一座城区内的自然名山的广州市民来说，竟是如此轻而易举！

尤其是在傍晚时分，彩霞漫天，夕阳半遮半没。一会儿，阳光透出云层，照亮大地，把远处的黄婆洞水库映衬得更加妩媚妖娆，安详静谧；一会儿，云彩又把阳光遮住，只留下漫天红晕，流金铄石，惝恍迷离；流云，在轻风吹拂下，倏忽万变，恍如儿时的万花筒，变幻无穷；我们白天已经走过的摩星岭顶峰，在时明时暗的阳光照射下，若隐若现，似近还远，让人几乎无法相信，几小时前，自己还曾在那一片仙境般的山巅穿行过。

回身往孖髻岭的东边眺望，却完全是另外一番景色：一座座鳞次栉比的现代化高楼，已经把白云山包围得严严实实。面对此番景象，除了为改革开放以来广州城日新月异的建设发展喝彩，为我们曾亲身参与的现代化建设而自豪外，我们也不得不为都市里那些密密麻麻的水泥森林给予我们日常生活的种种禁锢，感到丝丝的落寞和无奈。

一转身之间，孖髻岭呈现给我们的，一边是绿野仙踪般的迷人自然风光，另一边却是难以逃离的喧嚣生活。这种恍如穿越的感觉，确确实实会让人感到相当震撼。当然，每一位曾经站在孖髻岭上静心思考过的人，也会更加珍惜白云山带给我们的极其宝贵的自然慰藉。

孖髻岭上，多数游客都是上山来锻炼身体的普通广州市民，而不是像摩星岭那样，多数都是慕名攀登白云山的外地游客。因此，在孖髻岭上，我们往往能够静下心来，仔细观察自然，悠游思考生活。或者像许多普通广州市民一样，在这里整理身心，锻炼身体，使自己能有更好的精神状态去迎接生活的更多挑战。从这个意义上说，“挑战云山”行程必须登上孖髻岭，也是有着非常充分的理由的。

从孖髻岭的北坡下山，又是一长段的台阶路。从这里，再到达我们今天需要挑战的另一个目标景点——五雷岭的山脚，大概需要先步行2千米以上。然后，再向上攀爬408级台阶才能到达五雷岭的峰顶。

五雷岭，我们在“文化云山”行程中提到过它。那是传说中两位浮丘丈人为了镇压住百足妖（蜈蚣精），专门施展五雷大法的地方。

浮丘丈人为什么要选择站在五雷岭来施展他们的五雷大法呢？

固然是因为五雷岭所处的位置比较高，视野开阔，适合监控百足妖发动妖法或者仓皇逃窜的方向。但白云山上比五雷岭还要高峻的地方还有摩星岭和孖髻岭。尤其是孖髻岭，离百足妖最后被镇压的明珠冈和百足冈更近。两位浮丘丈人完全可以选择在孖髻岭上施法呀！

原来，五雷岭的地势天然地比较容易遭遇雷电，是整座白云山中最容易发生雷击的地方。时至今日，五雷岭上的建筑还装设有特别多的避雷针。此外，白云山管理部门也专门在此设置了“雷雨天气，请勿逗留”的警示牌。正因为五雷岭天然多雷，古代的老百姓才会产生神仙在此发动“五雷”，“镇压百足妖”的丰富联想，才会把神话故事描绘得如此栩栩如生。

五雷岭峰顶，日常游客并不太多。因此，站在此处感觉特别幽静，空气也格外清新，让人久久不愿离开。从五雷岭北坡往下走，目前只有一条弯弯曲曲的台阶小路，下行375级台阶后，就到达了我们将在“休闲云山”行程中提到的叠翠绿道的中段。

从叠翠绿道的中段，往北行走约1.6千米，我们就来到了一个三岔路口。这个三岔路口分别通往白云山北门、永泰门和五雷岭东侧山脚盘旋而上的登山小道。这里，正是三条道路交会的地方。在这个“交通要道”之处，如今还竖立着一块刻有“广州市界”字样的、颇有历史感的碑石。

记得十多年前，第一次看见这块碑石时，我们一家是颇为激动的。想想，我们竟然不知不觉间就走到了广州市区界碑的所在地。也就是说，只要再往前走出一小步，我们就已经走到广州市区范围之外了。这怎么说也是挺令人自豪的一件事情呢！

问题是，广州市区的界碑为什么会出现在这么一个地方呢？难道以前的广州市区竟然如此狭小？

经过一番仔细的观察，我们才发现：这块碑石是1930年竖立的，距今已经90多年了。碑石材质为花岗岩，造型为方形柱体尖顶，自下而上逐渐收拢。碑呈四面，每一面均刻有很深的阴刻楷书文字。南北两面所刻文字均为“广州市界”；东面刻着“中华民国十九年立”；西面则刻着“市区界石，毁窃严究”。

经查找相关资料可知，这块柱石原本高度为2.4米，其中埋于地底部分，体积为0.5米×0.5米×0.7米；露出地面的部分，体积则为0.38米×0.38米×1.7米。它的出现，与民国时期广州市政府正式成立之后市区面积的再一次扩大有关。

原来，广州城虽然一直是广东省省会所在地，但它一直都没有成为有自己独立管辖区域的行政单位——“市”。随着现代城市事务的纷繁复杂，受到西方国家、日本等现代城市管理体制的启发，1918年10月，广东省政府管辖下的广州城成立了市政公所，开始筹备建市。但直到此时，广州地区的行政事务仍然分别隶属于南海、番禺两县，管理起来非常不便。

1920年，孙中山领导的护法政府决定，正式划定广州市区，设置市政厅，总理市区内一切政务。1921年2月15日，广东省省长公署布告：“就省会地方划为广州市行政区域……并委任孙科为广州市市长。”此举才标志着广州市区正式成为一个独立的行政区域，并且开了我国首都以外独立设置城市型行政区域之先河。

广州市政府正式成立之后，原有的新老城区的范围并不足以支撑起市政府的税源和基本公务收入。因此，在广东省政府的支持下，1923年12月，广州市政厅拟定了广州市“权宜区域”范围，以保证广州市区范围的进一步合理化。这一范围的提出，已经远远超出了昔日广州城新、老城区的范围。这是广州市政府首次正式确定自己完整的市区区域。

1924年1月，由孙中山核准，权宜区域进一步被拓展、确定为“拟定区域”，包括：东至东圃及沿车陂涌至水土岗；南至黄埔；西至增埗对河两岛及石围塘；北至白云山。合计水陆面积约29万亩。1928年8月，此方案始由广州市政府核准公布。

又隔了两年，即1930年9月22日，广州市户口编配委员会将原属番禺、南海两县的部分乡村连同户籍正式划归广州市政府管辖。

为了明确扩大后的市区范围，尽量避免与原来曾经管辖过市区内许多地方的南海县和番禺县发生界域争执，广州市政府于1930年12月10日上午，由土地局测绘主任钟景煌主持，南海县社会课长麦鼎新、番禺县特务员陈海秋二位协助，开始进行界碑竖立工作。此工作一直持续到1931年1月中旬才完工，共竖立了水陆界石46方，并制作了《界石竖立位置一览表》。

90多年时间过去了，现在还保存下来的水陆界碑已仅剩9方。白云山这块界碑是相对保存得比较完整的一块，于2002年7月被广州市人民政府公布为“广州市文物保护单位”。

短短百年时间，原来世事曾经发生过如此巨大的变迁！面对着默默无言的“广州市界”碑石，再环顾一下现在广州市区的辽阔范围，我们该为广州城市面貌的突飞猛进发出怎样的浩叹呀！当我们慨叹“半部岭南文化史，都要从白云山讲起”时，白云山上的这块“广州市界”碑石，可以说再一次给我们提供了一个十分鲜活的例证。

离开史韵深厚的广州市界碑，我们还需要向东北方向步行约1.1千米，才能抵达白云山北门。

白云山北门，是近几年刚建成开放的一个入口，此处离地铁3号线永泰站B1口仅十多分钟路程。因此，不少习惯把地铁当作常用交通工具的游客，都喜欢从这个门上下山。今天，我们的“挑战云山”方案，也最终把这里当作全部行程的结束地。

今天的“挑战云山”行程，共耗时十个小时，行走四万多步，其中需要上下四五千级台阶。对于一些平时锻炼不够的朋友，建议谨慎选择这条线路，以免无法在一天内走完全程。

当然啦，这条线路沿途的风景是如此迷人，文化底蕴是如此厚重。对于每一位年轻朋友来说，还是建议大家平时多多锻炼，把身体练得棒棒的。然后，务必要来挑战一次白云山的这条高端游览线路，真正享受享受白云山深度游的快乐！

（本线路总耗时约十小时）

第三天

健康云山

健康是人类最深切的需求！

攀登白云山的游客，大多数都带着享受清新自然的空气、强健自己体魄的目的。那么，白云山哪条线路才是锻炼身体、享受健康人生的最佳线路呢？我们认为，当然是以“健康路”为核心的绿色“健康云山”线路最值得选择。

“健康云山”线路，从濂泉门岗上山，全程走完白云山上的“健康路”（这是许多长期坚持锻炼身体的广州市民最爱行走的一条健康步道）；然后，从云天北路接上云山北路，到达白云松涛；再转向东南方向，从梅花园门岗下山。这条线路，基本上避开了南门和西门等密集的人流，从而使游览者享受到清新的空气，也保证了游览者精神状态的悠游、闲适。

这条线路，除了刚上山时有约600级无法避开的断续台阶路，需要付出一定的艰辛以外，其他时间几乎都是沿着绿意盎然的盘山步道，在半山腰处，环大半座白云山，自在平缓地漫步。“树林阴翳，鸣声上下”，无日光暴晒之虞，有鸟语花香之乐。在这样优良的自然环境里，只要我们保持合理的运动节奏，努力做到持之以恒，那么我们的身体是一定能够得到较好锻炼的。

1

（约40分钟）

鲍姑井　**新一军公墓**　**濂泉门岗**

如果按照现在的观念，把濂泉门岗之内算作真正的白云山景区的话，那么，我们今天将要进行的“健康云山”行程，是从白云山之外开始的。

为什么必须从现在的白云山之外开始呢？因为在规划“健康云山”线路时，我们发现，早在1700多年前，白云山就已经存在曾经为广州老百姓的身体健康作出过很大贡献的著名古迹——鲍姑井。

鲍姑（约309—363），名潜光，陈留郡（今开封陈留）人，是我国医学史上有记载的第一位女针灸学家，也是我国古代数量极少的女医师之一。

鲍姑随当时被誉为名医的父亲——东晋南海太守鲍靓，来到岭南。后又遵父命嫁给了著名道士、医学家葛洪。受医术高明的父亲和丈夫的共同影响，她习得了很高超的医术。鲍姑发挥自己的性别优势，专门为广州的女性患者诊病，赢得了广州地区广大女性的衷心拥戴。文献记载，她最擅长的是针灸术，并以此行医济世，惠泽苍生。

1700多年来，鲍姑的医圣美名一直在岭南传扬。鲍姑是非常值得我们纪念的岭南文化先贤之一。

鲍姑、葛洪婚后，有相当长一段时间生活在泉水丰沛、草木丰茂、中草药资源十分丰富的白云山上。其间，鲍姑与葛洪这对神仙眷侣，可谓志同道合、夫唱妇随。他们常常一起在山上采药、炼丹，共同研习医术，为百姓防疫治病。他们互帮互助、和谐合作、相敬如宾的医者生涯，为中国古代医学史留下了一段极其美好的“医界伉俪，鹣鲽情深”的佳话。

鲍姑井，是白云山脚、古濂泉寺旁、今濂泉路口附近的一眼泉井。相传，鲍姑夫妇曾用此井水来炼丹和炮制中药。在疾疫频发的中古时代，他们凭借自己的高超医术和鲍姑井的清澈泉水，救活了无数饱受疾病煎熬的老百姓。因此，历代文人雅士来到白云山濂泉景区，都喜瞻仰鲍姑井古迹，缅怀鲍姑、葛洪行医济世的美好德行。

可惜的是，《广州市文物普查汇编》记载：“20世纪80年代尚有鲍姑井旧迹。90年代末，附近建高架路后便残迹无存了。”这实在是一件非常令人遗憾的事。如今，我们只能在进入濂泉门岗之前，凭大体的感觉，估测曾经鲍姑井所在的位置，深情感怀、念想曾经在鲍姑井边，为广州地区百姓的健康而辛勤劳碌着的葛洪、鲍姑伉俪的身影了。

需要说明的是，历史上的鲍姑井有两口：一口在白云山脚、古濂泉寺旁，已毁；另一口则在越秀山麓的三元宫内，至今犹存。希望了解更多鲍姑、葛洪以及鲍姑井故事的人，现在只能移步三元宫去瞻仰了。

与鲍姑井一样，位于现在的白云山范围以外，但同样值得我们关注的另一个著名景点是“陆军新编第一军印缅阵亡将士公墓”。

新一军，全称“国民革命军新编第一军”，这里是指1943年3月中旬，由撤退到印度的新22、30、38师合编而成的远征缅甸的中国远征军，首任军长是郑洞国。1944年8月，孙立人升任新一军军长。新一军在抗日战争后期功勋卓著：共击毙日军3.3万人，击伤7.5万人。

新一军公墓，位于白云山马头岗（今广园中综合市场周边），原占地面积100多亩，北接白云山，西连黄花岗七十二烈士墓，南到十九路军陵园。这是新一军驻防广州期间，孙立人军长使用3000多日本战俘修建的一座公墓，用以纪念抗日战争期间，新一军赴印缅抗击日本侵略军而为国捐躯的2.7万余名将士。共有从印缅战场上找回来的1.7万具烈士遗骸被安葬在公墓内。

公墓于1945年10月5日始建，1947年9月6日落成。由墓门、纪功亭、纪念塔三部分组成。公墓四柱纪念塔与竖井墓穴连体，总高38米，外加中部一个千余平方米的纪念塔大平台，气势雄伟。

然而，因历史变迁及城市发展，广园路、广深铁路、濂泉路等交通线路呈双十字形从公墓中间穿过，已经把公墓分割成几部分，墓园及周边环境也已完全改变。现存于广园中综合市场内的纪功亭，以及在其不远处的纪念碑、墓门等的保存状况都不甚理想。

2005年，广州市政府曾批准将公墓迁至黄埔区进行保护。但由于各种原因，工作未能全面展开。同时，也有一些专家坚持原地修复保护的方案。因此，直到2014年，由天河区出面，进行一些简单的修缮。

我们在“文化云山”“挑战云山”等行程中都提到，日军占领广州期间，曾在白云山上留下多处作恶的遗址，这些都可以成为我们进行爱国主义教育的重要素材。而新一军公墓作为抗战胜利纪念的标志之一，也可以成为白云山“爱国主义教育基地”素材的一个组成部分。因此，在进入濂泉门岗之前，有必要先给大家介绍一下此景点。

濂泉门岗，虽然不是白云山管理部门确定的七大主要门岗之一，但由于它可以较快连通到健康路，又能够避开南门密集的人群，因此熟悉白云山的游客，往往都会选择从这里开始登山。

濂泉门岗，还是整座白云山除南门以外，文化积淀最深厚的一处门岗。濂泉门岗的命名，来自白云山最著名的溪流之一——濂泉溪。濂泉溪，古人认为是蒲涧的下游。古代，蒲涧、濂泉常常并称，但细分的话，古人认为同一条蒲涧濂泉：

上游才叫蒲涧，下游则称濂泉。称蒲涧，原因是溪涧边生长着许多著名中草药石菖蒲；称濂泉，则是因为溪水流经一处悬崖，形成了门帘般的瀑流。（关于蒲涧和濂泉的关系，下文还会说到。）

现在的濂泉溪水，在濂泉门岗附近流出白云山，汇入市内的地下排水管道中。古代没有现在这么发达的地下排水管道，这条溪水曾以明渠的形态先往西，再往南，一直通往越秀山麓。在抵达越秀山之前，它被改称为“文溪”。这条溪水是当时广州城内老百姓饮用水的重要来源。

在没有现代修建的云山南路之前，濂泉门岗附近是古代、近代广州地区人们攀登白云山时最常选择的路径之一。因此，在濂泉溪附近，古人留下了濂泉寺、鲍姑井、流杯池等许多名胜古迹，也留下不少诗歌题咏。

2 （约50分钟）

怀仙亭 → 岚韵亭 → 仙聊亭 → 激情大家唱

从濂泉门岗进山后，需要先攀登一段430米左右的台阶路，才能上到一个比较平坦的台地。在这个台地边缘，有一座翩然欲飞的小亭，名叫“怀仙亭”。

怀仙亭所处的地方，地势险峻：上方虽非壁立，但的确是一座耸起的山岭；下方更有陡峭的悬崖。在这样一个地势中“怀仙”，不说让游客们自己飘飘欲仙，起码想象中云山仙家的神奇与缥缈，确实似隐似现，引人无限怀想。更兼亭柱上一副引人神思遐飞的对联——“四面云山来古意，一亭风月忆前人”，在文化源泉格外富集的濂泉溪上方，感怀2000多年来被广州地区老百姓所缅怀的郑安期、葛洪等“云山二十九仙”。“怀仙亭”的建造和命名，确实有资格被誉为“神来之笔”。

千万不要以为怀仙亭只是白云山建设方的妙手偶得之作。因为怀仙亭上方（北面）的山岭上，还有两座同气相连的亭子，共同烘托着这一带仙气萦绕的氛围。

这两座亭子，分别是离怀仙亭约150米的岚韵亭和离怀仙亭约200米的仙聊亭。

岚韵亭，为一座六角六柱的尖顶小亭，正面亭柱上悬挂一副对联："芳草白云怜径路，青松红日醉山亭。"撰联者为百岁文化老人梁俨然，书家则是曾任广东省书法家协会主席的张桂光。虽然"岚韵"二字看似与仙气无关，但芳草、白云、青松，毫无疑问都是与神仙出没息息相关的氤氲氛围。

仙聊亭，则是一座四角四柱的连廊亭。亭上的对联"遥望燕塘，偶遇野人谈掌故；近寻蒲涧，未忘蜀老剩遗篇"由老诗人、书画家徐续撰写，书家为广州市书协副主席欧广勇。从怀念仙人，到直接跟仙人"对话"，仙聊亭可谓进一步拉近了我们与"云山二十九仙"的心理距离。

沿仙聊亭继续往前的话，可以到可憩草坪对面的林园小卖部。但我们今天还是要围绕着"健康云山"的主题进行我们的探秘。因此，我们需走200米左右的回头路，回到怀仙亭所在的位置。

从怀仙亭往西200多米，就来到了白云山一个极具群众特色的健康文化景点——白云山激情大家唱。

早期的激情大家唱，地点在"挑战云山"中提到过的龙啸台。原本只是在1998年前后，由几个爱好唱歌的市民自主发起，自娱自乐。然而，这种简便亲和的文化娱乐方式，很快便得到了越来越多市民的认同和参与。于是，参与的市民越来越多，地点也迁到了更开阔、人气更旺盛的现址。

通常，激情大家唱都被许多人认为仅仅是一种群众性的文化活动。其实，白云山的激情大家唱，由于其良好的自然环境，需要参与者保持有规律的登山习惯，并且还要学会基本的发声运气技巧等，成了一种非常有价值的健康生活方式。

许多参与的市民都说，自己原本是慢性病患者，但在参加激情大合唱之后，由于呼吸着清新的空气，坚持着健康的生活习惯，再加上纵情欢歌，心情愉悦，病情都得到了很大的好转。他们都深有体会地认为：自己才是健康的真正主人，坚持到白云山唱歌，才是最好的健康途径！

3 （约40分钟）

可憩草坪 — 城建林休闲廊（环翠廊）— 将军岭 — 将军坟

从激情大家唱再前行200米左右，就连接上了“文化云山”线路曾经走过的云山南路。在这里，我们可以看见位于云山南路西侧的可憩草坪。

可憩草坪，是白云山南门沿云山南路走上来后最大的一处草坪景观。早前，为了保护绿油油的草地，一般不建议游客进入草坪。但近年来已经允许游客有序进入草坪进行适度活动了。

从设计理念来说，开阔草坪的建设具有改善和美化环境的功能，能开阔人们的视野，能让人感受到草坪植物那生机勃勃的美妙，能够使人心旷神怡、精神焕发、疲惫顿消。

白云山可憩草坪的设计，正是为了达到这样的目的。在景观布置上，用花草塑造出来的白云山山徽（有时又会改换成广州市市花红棉的形象），也非常具有南方园林的特色。这让登山游客，尤其是那些首次登上白云山的游客，一睹之下，进一步激发攀登的兴味。

在整座白云山人流最密集的云山南路路段，可憩草坪的建设也在一定程度上起到防灾避险的作用。云山南路的客流量，尤其是一年中几个重要的节日，如中秋、重阳、元旦、春节等节日的客流量是巨大的。有了可憩草坪作为预备，万一发生踩踏、火灾等紧急事故，可憩草坪就可以起到有效疏散人流的作用。

不过，今天来到可憩草坪的我们，却并不准备在此做过多的停留，也不准备沿着可憩草坪的边缘继续往山顶攀登，而是与云山南路多数游客的路线相反，向着下山的方向行走300多米，来到我们在“文化云山”游程中曾经到过的一个景点——能仁寺。

当然，能仁寺同样不是我们今天的游赏目标。因为我们在“文化云山”游程中已经对它做过介绍了。

我们今天前往的目标，是能仁寺南侧的一条登山小径。从这里，我们只需走390米，就可以轻松地登上白云山的又一景点——“城建林休闲廊”了。

城建林工程，是广州市城市建设系统为绿化广州城而开展的一项民生工程。计划在白云山风景名胜区从南门到白云晚望的1500米登山步道（即千尺嶝）两侧各50米，总占地面积约15万平方米的范围内，以林为主，种植乔木、灌木、地被等50余个品种，共计18万株植物。

2000年3月18日，广州城建系统小队来到白云山，为城建林工程种下了第一批约5000棵树，树种包含高山榕、小叶榕、台湾相思、乐昌含笑等多个品种。经过20多年的努力建设和保护，如今城建林工程所在的地段，早已郁郁葱葱、青翠欲滴，成为白云山南门进山道路上首先带给游人美妙享受的一片葱绿山林。

城建林休闲廊作为城建林工程的配套景区，也存在20多年了。这是一座由一个四柱小亭、一个连廊、一个小卖部共同组成的小型复合建筑。小亭的一根柱子上，挂着这座建筑的题名“环翠廊”。

从白云山南门攀登到这里，已经走了将近一千米的台阶路了。许多准备进一步挑战千尺嶝的游客，都习惯在此处停留小憩，因此，这里通常人气比较旺盛。相熟的游客在这里互相打打招呼，聊聊天；初次登山的游客，则打开手机，搜索下一步的行程应该如何走。总之，在这里设立休闲廊，确实是一个恰到好处的设计思路。

城建林休闲廊的南北两侧，总体位于能仁寺后山的南侧。这一整座山岭，就是白云山又一著名的历史景点——将军岭。

清光绪二十四年（1898），抗法英雄刘永福正率军驻扎在白云山下的燕塘。他在中法战争时的老战友、老将冯子材（1818—1903）来到广州，二人结伴同游白云山能仁寺后一带山岭，并吟诗抒写胸臆。此后，人们便将此地敬称为“将军岭”。

巧的是，另一刘姓将军——晚清的刘绍基去世后，其家族慕将军岭之名，于1899年将刘绍基父子的陵墓建在将军岭上，并且陵墓一直保存到了现在，被命名为“将军坟”（在城建林休闲廊南侧150米处）。于是，如今登上将军岭的游客们，经常会站在我们并不太了解的晚清将军刘绍基的陵墓前，懵懵懂懂地缅怀着大名鼎鼎的刘永福和冯子材两位抗法将军的光辉业绩。

让人始料未及的是，其实冯子材将军的衣冠冢本来就在白云山上，并且就在将军坟附近的景泰坑内！原来，当年冯、刘二人来到能仁寺后山时，冯子材曾大赞此处风水好，说自己百年之后如能安身于此就好了。五年后，即清光绪二十九年（1903），冯子材于南宁病逝，遗骨安葬在家乡广东廉州府钦州沙尾村。当时尚在广州驻留的刘永福闻得噩耗，悲痛之余，忆起冯子材的遗愿，便在能仁寺后山建造了一座冯子材的衣冠冢。

可惜，如今冯子材衣冠冢并未被标示出来，应该是早已湮没了。许多希望凭吊老将英魂的游人，也因此无法实现自己的愿望。另外，有一些不明就里的书籍，直接把刘绍基的陵墓指认为冯子材墓。这是非常错误的！

其实，现在的将军岭地段，在汉朝的时候曾被命名为“马鞍岭”（一说马鞍岭在磨刀坑附近）。它是曾豪迈地表示“好男儿效命疆场，当以马革裹尸还葬”的东汉“伏波将军”马援曾经驻军屯兵的地方。

正因为马鞍岭有过这样一段史实，所以广州碑林景区的“白云山历史人物浮雕”上也有马援将军的形象。从这个意义上说，作为马鞍岭组成部分的将军岭，早在马援将军的时代就已经有了“将军”的凛凛英气。

4（约50分钟）

云寿路 — 泰霞洞 — 景泰寺遗址 — 泰霞九仙

背对城建林休闲廊，我们会发现，左手边有两条不同的登山小径。

靠外的一条，是通往山顶广场白云晚望的，路名为“城建林路”。其实，它就是著名的千尺嶝山径的上半部分。这条千尺嶝，从云壑初探西侧起步，长达1500多米，沿途要攀登1200多级台阶才能登顶，特别适合年轻人展示自己的青春活力，因此也是“挑战云山”可以选择的路径之一。

靠内的一条小径，就是通往泰霞洞和景泰寺遗址的路径。这条比较平坦，并且越走越幽深的小径叫作“云寿路”。这正是我们今天的“健康云山”线路即将探索的地点。

从城建林休闲廊到泰霞洞和景泰寺遗址，大约需要行走470米。

泰霞洞，这一景区名称，现在知道的人可能不是太多。但在古代，泰霞洞的名气是非常大的。泰霞洞景区包含一座山峰和一个大型山坳。

山峰，原名“聚仙峰”，后改名为“景泰云峰”，即现在能仁寺背面的一带山岭，其实也就是现在人们所熟知的千尺嶝的顶端一带。在古代，这座山峰的东侧，曾有一个天然泉眼，名叫“泰泉”；泰泉溢出的泉水，向东流入现在的能仁寺范围后，被命名为“玉虹涧”，也就是我们在“文化云山”中提到的宋代探花李昴英建造的玉虹饮涧亭所濒临的溪涧；玉虹涧继续往下，流出现在的能仁寺范围后，便成为蒲涧溪的源头。古代并没有现代化的云山南路，当时的玉虹涧与蒲涧是直接相通的。现在的玉虹涧水则需要通过地下管道才能穿越云山南路流入蒲涧。

在古人笔下，泰泉、玉虹涧、蒲涧，是白云山上最精彩的几个景点，古人描写白云山的诗文，大都是写这些景点的。认真考察的话，我们会发现，其实这几个景点原本都是同一条溪流，当它们处在不同的位置时，便被文人赋予了不同的名称。历代文人雅士为这条并不算太长的溪流积淀了深厚的文化底蕴，使其成为白云山景区极其宝贵的文化资源。

根据古人的记述，蒲涧和濂泉也是同一条水流，上游称“蒲涧”，下游称“濂泉”。但现在的蒲涧水，看起来无论如何也不可能流到现在的濂泉溪里去，成为濂泉的上游！因为中间隔着一个十分明显的山冈。

据我们多次现场考察，最大的可能只能是：古代的蒲涧水和流出现在的濂泉门岗附近后向西流淌的濂泉水，在现在的云泉路一带交汇后，一起流向远方的越秀山麓。而这两水交汇后的一长段溪流，仍被称为濂泉溪。

清代戴肇辰《光绪·广州府志》记载："云泉山馆，在白云、濂泉间。嘉庆十七年（1812）创建，二十一年（1816）增修，今圮。"1812年创建的云泉山馆，其准确地址在今麓湖东路附近，而戴肇辰仍称其在"白云、濂泉"之间。此细节似可证明蒲涧水和濂泉水交汇后，一直流淌到今云泉山馆遗址附近时，仍然被称作濂泉溪。

正因如此，古人才形成了蒲涧为濂泉上游的观念。也就是说，濂泉的上游其实并不止一条溪水。蒲涧只是濂泉溪的上游之一。

清康熙甲子年（1684）十一月，王士祯受命南来祭祀南海神，留广州五十一日，曾游览蒲涧寺。其在《广州游览小志》中记录说："蒲涧寺……东上寻濂泉寺。半里许，得石涧，潺湲有声。涉涧而东，树益蓊郁，水声益清澈。又半里，复涉涧而西，涧中巨石攲立腾倚，类多姿致。岸皆艿（nǎi，丛杂的）竹，竹尽得寺。寺数弓而朴雅绝尘……寺去濂泉尚里许。"

这段话，有三个方面值得我们注意：

第一，它清楚地记述了蒲涧寺和濂泉寺的方位关系，"东上""涉涧而西"。即蒲涧在西，濂泉在东。

第二，蒲涧寺、濂泉寺，两寺之间的距离为"半里许""又半里"，合计便是一华里（五百米）了。

第三，濂泉寺的位置在濂泉溪外，距离濂泉溪的主体"尚里许”。

根据王士祯的这些记述，我们完全可以推断出：蒲涧寺在西，濂泉寺在东；两寺相隔约一华里；两溪相隔一公里多。这不正是现在蒲涧和濂泉两条溪流布局的生动写照吗？

可惜，王士祯没有记述清楚蒲涧和濂泉在何处合并为同一条溪流。因而，他没能向我们解释清楚古人为什么会认为“蒲涧是濂泉的上游”。

有一些观点认为，鸣春谷下方的滴水岩才是宋元两代蒲涧濂泉景点的所在地。我们认为，这种说法的可能性不大。

第一，如果该处是蒲涧，它同样无法成为濂泉溪的上游，因为两者中间隔着更多水流无法穿越的山冈。

第二，如果我们认为宋元时期的蒲涧和濂泉都在现在的滴水岩下方，但这种情形并不符合南越国、南汉国以及北宋时期都曾引蒲涧濂泉溪水进入广州城，供百姓饮用这一历史事实。因为现今滴水岩下方的水流只能流向白云山的北面，与广州古城所处的方位正好相反。即使在技术更加发达的现代，这些水流也很难被引进到广州城内。

第三，宋代时已经被大量文人写进诗文中的纪念葛洪伉俪炼丹处的鲍姑井旧址，以及明代建立的濂泉寺旧址，确实都在现在的濂泉溪附近。那么，就算宋代的蒲涧真的在滴水岩下方，但最起码，宋代的濂泉溪是不可能跑到现在的滴水岩下方去的。

第四，早在唐代李群玉的诗中就已经提到过蒲涧寺了（见“文化云山”）。唐宋以来的蒲涧寺遗址，应该都是在现在的广东理工职业技术学校校园的上方（参见上述王士祯的记述）。如果宋代的蒲涧真的是在现在的滴水岩下方，那么当时香火鼎盛的蒲涧寺，岂不是已经跟当时的蒲涧脱节了？这种名不副实的现象，在文化上是解释不通的。

第五，在宋代的交通条件下，广州城区内的百姓视更加靠近广州古城的、交通更加便利的、很可能唐代就已经在那里建立起蒲涧寺的现代“蒲涧”“濂泉”等美景如无物。非要翻越大半座白云山，去把现在的滴水岩下方打造成为当时羊城八景之一的宋代版“蒲涧濂泉”，难度恐怕不是一般的大，恐怕也不是那么合乎情理。

第六，假如宋元时代真的曾在现在的滴水岩下方成功地打造了羊城八景之一的蒲涧濂泉景观，那为什么到了明清时代，广州百姓却又在没有任何缘由（起码我们不知道有何缘由）的情况下，放弃宋元时代的“蒲涧濂泉”，非要另起炉灶，在我们现在看到的蒲涧和濂泉两条溪水处分别重新打造出新的“蒲涧”“濂泉”景观。这也很不符合文化景观通常会在前代成果基础上不断叠加的基本规律。

要完全调研清楚古代蒲涧溪和濂泉溪的准确分布和走向，恐怕还需要做更多的工作才行。但不管怎么说，古代文人墨客关于泰泉、玉虹涧、蒲涧，以及濂泉溪的许多描绘，都是白云山最重要的历史文化遗产之一，非常值得我们努力加以挖掘。

其实，如果回到城市建设还没有现在这么发达的古代，离开白云山之后，蒲涧濂泉溪流，也还在继续着它的辉煌呢：濂泉下游（应该是现在麓湖路东北侧附近），曾有过一个历代文人都喜欢去雅集的景点“流杯池”；流杯池之后，濂泉溪被改称为“文溪”；文溪继续往前流动，可以抵达越秀山麓；在曾经割据岭南55年的南汉王朝时期，越秀山麓的这一段文溪，又叫“甘泉苑”。

一条看似平淡无奇的溪涧，在历代文人雅士的共同努力下，竟然可以演变成一处底蕴如此深厚的文化圣地。可见，在风景名胜建设中，文人的参与是多么重要。中唐诗人李贺曾有著名的“笔补造化”之说，就是说：造化（大自然）原本是不够完美的，需要文人用自己的如椽大笔，对它进行修补和完善，它才能变得更加美丽、丰盈。从白云山这条小小溪涧的美化、圣化过程，的确可以看出历代文学家的关注和创作，对于大自然景致的丰富、完善和提升有着多么重要的意义。

再进一步说，所有白云山风景名胜的丰富、完善和提升，又何尝不是在数千年老百姓和文人的共同努力下，才有了今天这样的深厚底蕴呢？假如白云山不是位于广州城边，没有经历过数千年文化积淀的深化和提升，以其区区382米的海拔高度，以其并没有多少奇险隽秀景致的山容山貌，又怎么可能成为闻名遐迩的国家5A级风景名胜区之一呢？

泰霞洞景区所在的山坳，原名就叫“泰霞洞”。后因景泰禅师在这里建起了著名的景泰寺，这里也就逐渐改名为“景泰坑”了。景泰坑的范围很广，一直延伸到白云山脚。至今，广园路上还有一个公交车站，名叫“景泰坑站”。

景泰禅师，是将近1500年前，南朝梁大同年间（535—546），广州刺史从罗浮山上邀请来的一位法号为“景泰”的高僧。景泰禅师看中了白云山泰霞洞一带的风光，在此建了一座南楼寺，这是白云山上第一座佛教寺庙。据说建寺时，曾在寺址挖出一双石履、一面古镜。人们认为是山中的灵迹，便将其藏在寺中。

建寺之前，人们传说有七位仙人一直在悉心守护着泰霞洞这一块风水宝地，等待真正有缘的人前来开发。因此，南楼寺建成后，又被命名为“七仙寺”。直到北宋天禧年间（1017—1021），僧人智严在七仙寺的故址重新建起一座寺庙，才最后定名为“景泰寺”。

和白云山其他古寺一样，景泰寺随着时代与社会的兴衰变迁，也是时盛时衰的。从梁朝建寺，到今天成为遗址，中间经历了数度兴废。

南朝就已经建寺的景泰寺，在隋唐时期却并未留下多少相关记载；到北宋，有了智严复建古寺，并在半山处建了一座“僧归亭”的记录；南宋绍兴年间（1131—1162），则有发现古铜钟的记载。据说，有一天，突然风雨交加，电闪雷鸣，竟震裂了山石。雷电过后，人们在山石间发现了唐天宝年间（742—756）的一口古铜钟。

元代，景泰寺达到鼎盛，僧侣众多，香客不绝。当时景泰坑一带流水淙淙，绿树荫浓。景泰寺建在半山处，每当黄昏时分，外出化缘的僧人三五结伴而归。自然的晴岚翠色与僧众的庄严素朴，十分和谐协调。因此，“景泰僧归”美景成为当时公认的羊城八景之一。

明代，古寺又趋荒废，“景泰僧归”也被移出了羊城八景之外；明正统十三年（1448），住持僧德泉对已经荒废的景泰寺再次进行复建；其后，为避明代宗朱祁钰景泰年号（1450—1457）之讳，寺庙曾被短暂称为“僧归寺”；明天顺三年（1459），兰州学者黄谏被贬为广州府判，将景泰寺易名为“广趣寺”，并刻石以记。

明嘉靖二年（1523），岭南著名学者、《白云山赋》的作者黄佐，把景泰寺改建为“泰泉书院”，在这里传业授徒。寺中僧侣都被迁到光孝寺。明嘉靖四十五年（1566），黄佐病逝，墓地就选在泰泉书院附近。可惜，现在已无法考证其具体方位了。

此后，泰泉书院也渐趋衰落。明万历三十五年（1607），僧人正裔重建寺庙，复名“景泰寺”。明崇祯六年（1633），施主黄思岩捐出在古寺下方的七亩地，参议晏清在那里增建了一座“新景泰寺”（又称“下景泰寺”）。新寺、古寺，在清嘉庆年间（1796—1820）都还存在。清末，两寺才相继坍毁。

1933年编印的《中山大学模范林场概况》记载：当时，上景泰寺，寺宇已毁；下景泰寺，寺宇尚存。

现在我们可以比较明显看到的景泰寺遗址，是景泰上寺，也就是古寺的遗址。它位于景泰云峰西侧半山腰的一个山坳内，有小路可通。路边首先可以见到一对青苔斑驳的抱鼓石，石鼓上刻有“景泰寺”几个字，显然是原来寺庙门前的遗物。踏上古寺基址，可以看到：

原建筑依山势总体呈坐东朝西布局，遗址台基清晰完整。寺庙的占地面积并不大，但建筑规整，简朴实用。夯土砌就的墙基轮廓也保存完好。传说由景泰禅师用锡杖直立插地而形成的“卓锡泉”，在遗址的南侧，至今仍泉水清澈，盈盈可喜。

遗址南北两侧，各有一条天然的小溪，溪水不算丰沛，但前几年还能涓滴相续、源源不息。可惜，现在如果不是下雨天，已经基本没有什么水流了。近几年，白云山的绿化效果越来越好，林木植被也越来越茂盛。相应地，溪水应该越来越丰沛才对。但据笔者近年观察，这两条小溪却越来越干涸了。只能说，山顶（云天南路）公路设施和人工排水沟渠的进一步完善，也对自然的溪涧水源造成了比较大的影响。

从这个细节可以看出，白云山坚持“七分保护，三分建设”的基本原则是多么重要！如果违背了这个基本原则，任意大拆大建，白云山的许多自然美景就有可能在不知不觉间消失得无影无踪。

寺址周边最大的树，是一棵高大的斜叶榕，饱经风霜，枝繁叶茂。察其树龄应该在百年上下，尚有可能是当年古寺的遗物。其余树木则树龄都不长，不可能是当年之物了。

在上寺下方二三十米处的又一山坳里，分别有一棵高大的木棉树和一棵大小不相上下的大叶野樱，挺立其间。这两种树通常都需要人工栽植。并且，它们的树龄应该也在百年上下，因此，也很有可能是当年景泰寺的遗存。

除了上述能够观察到的些许遗存以外，遗址到处杂草丛生，与曾经的辉煌形成鲜明对比。

说完泰霞洞和景泰寺遗址，我们就可以讲一讲白云山的第五个神仙群体——泰霞九仙了。

泰霞九仙，包括景泰寺建成之前一直守护着泰霞洞的七位仙人、景泰禅师本人和南宋时期的白玉蟾。

传说中的泰霞洞七位仙人，虽然没有留下具体的名字，并且自从景泰寺建起来之后，他们的踪迹也就消失殆尽了。但景泰寺因为他们的存在，曾经取名为“七仙寺”；景泰云峰也因为他们的存在，曾经名叫“聚仙峰”。因此，关于他们的仙迹，不应该在白云山的历史上被彻底遗忘。

从宗教演化的历史来看，泰霞洞七仙人的故事应该是代表岭南原始道教除了郑安期、葛洪、鲍姑等神仙故事之外，在白云山上的又一文化遗痕。但随着南朝时期佛教文化的进一步兴盛，原始道教文化在白云山上不断被弱化，有些甚至消失了。

景泰僧虽然代表的是佛教文化，但他来自道教名山罗浮山，对道教有一定的包容性，允许自己建造的佛教寺庙名叫“七仙寺”。并且，他本人流传下来的形象，也带有一定的“仙气”：传说他能引来山上的虎豹为他背负瓶钵；又说他有奇异法术，能够白天来到广州城，黄昏时就回到几百里外的罗浮山。因此，广州老百姓并不仅仅把他看作普通的佛教僧侣，还认为他也是一位神仙。

白玉蟾（1134—1229），本姓葛，名长庚，字如晦，海南琼山人。他是道教南宗的实际创始人，被尊为“道教南宗五祖”之一，相传在海南文笔峰羽化升仙。

白玉蟾曾登临白云山景泰云峰，留下一首《景泰晚眺》：

海岸孤绝处，晴沙露远汀。潮花人鬓白，山色佛头青。夕照雌黄笔，秋烟水墨屏。天空杉月冷，鹤梦几回醒。

诗歌描述了作者站在景泰云峰上所看到的广州城，尤其是当年没有现代化的高楼大厦阻隔时，清晰的海岸线和珠江河道在秋夕中的独特景象，同时也表现了环境的幽冷和自己身世漂泊的孤寂。

白玉蟾在白云山上，还写过一首《次韵东坡蒲涧寺二首》：

满山红白福桑花，蒲涧深中尽可家。景泰得泉从卓锡，安期种枣说成瓜。岂无仙化羊如石，尚有书踪壁似鸦。一饭招提共僧语，法华经里问牛车。

诗中可见白玉蟾对景泰僧故事、郑安期故事、五羊仙故事，以及东坡先生的逸事均非常熟悉。看来，他在白云山停留的时间应该不会太短。“法华经里问牛车”一句，透露出佛、道互相融合、互相渗透的痕迹，也非常符合景泰寺佛道杂糅的总体氛围。

总的来说，虽然与我们在“文化云山”中提到的另外四个神仙群体相比，泰霞九仙留下的仙迹并没有那么细致、丰富，但毕竟这九位仙人也是“云山仙踪”的重要组成部分，他们的存在对于白云山文化底蕴的构建还是很有意义的。

名山与名仙相互衬托、相互成就，这是中华民族大多数风景名胜区文化积淀形成的基本形态。有了泰霞九仙的参与，白云山“二十九仙，济济云山”的恢宏仙俗氛围，才得以最后完成。从这个意义上说，我们对泰霞九仙仙迹的挖掘，还应该更进一步深入才对。

本来，我们今天的主要行程，是探访“健康云山”线路，但在泰霞洞和景泰寺遗址，我们却和一大群古人、仙人“邂逅”，似乎有些脱离“健康云山”的既定轨道了。不过，心灵的宁静与澄澈，也是健康的一大要义呀！有文化相伴的健康之旅，应该更容易让人静下心来，好好地享受自然环境的和谐与静谧，从而为自己的身心健康带来更大的可能性。

接下来，让我们回到行程的正轨，跨进“健康云山”的一段最具原生态氛围的旅程——“健康路”之旅。

5 云寿路—健康路—钟辅廷墓

（约40分钟）

云寿路，是连通城建林休闲廊和从柯子岭山门上来的云柯路的一段山间小径。刚才我们从城建林休闲廊来到泰霞洞时，已经走过一小段云寿路了。离开景泰寺遗址后，我们还要再走一小段云寿路才能到达云柯路。这段路程大概需要行走290米。

走完云寿路，穿过云柯路。我们面对的，就是整条“健康云山”线路中最氧分满满的健康路了。

健康路，游客们口耳相传的名字本来是“健康路”，但不知道为什么，后来又被称作“长寿路”。其实，广州市内原本就有一条街道名叫“长寿路”，现在又给一条山中小径命名为长寿路，总觉得有些别扭。所以，多数市民和游客还是更习惯称这条小径为“健康路”。

健康路，全长1400多米，全程都在白云山半山腰。平时游客不算太多的小路上，林木茂密，环境清幽，总能看到各种各样的昆虫在小路两侧翩翩起舞；听到各种各样的鸟儿或远或近的亲热啼鸣；在靠近山坡一侧的路旁岩石上，甚至能够看到一些天然蜂巢，看到采回花蜜的工蜂在蜂巢间忙碌。

作为长期生活在大片大片的水泥森林之中的现代城市人，尤其是那些很少有机会接触到大自然细节的孩子，如果能够在家长的带领下来到这里亲身感受大自然的绿意婆娑，荡胸骋怀，感受动物世界的蜂飞蝶舞、鸟鸣蝉唱，这对他们的身心健康毫无疑问是非常有意义的。

西方现代心理学中有一种名叫“自然缺失症”的病症，这的确是值得越来越城市化的现代人高度重视的问题。大自然本来是丰富多彩、和谐融洽的，这种原生态的大自然，一直都在默默地丰盈着人类的心灵，调适着人类的情绪。

但随着城市化进程的加快，缺失了大自然滋润的现代人，就有可能使自己的心灵变得粗糙、僵硬，变得容易产生心灵内部的矛盾和冲突。因此，当广州城内难能可贵地保留了一座原生态的白云山时，我们应该珍惜这个可以抚慰我们心灵的宝地。

一年四季，我们行走在健康路上，可以悠然地观赏木荷、红花荷、野牡丹、假鹰爪、假杜鹃、草豆蔻、玉叶金花、海芋、鹅掌柴、石斑木等各种各样的开花植物；这些植物在我们的眼前此花开尽彼花开，此果结完彼果悬。我们可以看着松鼠、画眉、鹧鸪、蝴蝶、蝉、蜜蜂等许许多多的小动物，在我们眼前无忧无虑地跳跃，或翔舞，或欢歌。

这时候，我们与同行的亲友们，尤其是孩子们之间，自然而然产生的各种交流话题，将是无穷无尽的。这就是大自然对我们心灵的充盈和润泽。

不知道家长们有没有注意到，十岁以上的孩子往往会变得不爱与父母交流。有时候，甚至一天到晚，父子、母女之间都说不上十句话。

是什么原因导致我们的孩子跟我们交流越来越少呢？其实，这与城市化和电子信息化有关。一人一个房间的居住格局，加上电视机、电脑、手机等电子设备越来越发达，使得我们的孩子失去了许多与我们交流的时间和空间。

在这种情况下，如果我们能够充分利用白云山的环境优势，我们就有可能更好地克服亲子交流的障碍。毕竟，如前所述，“健康云山”行程中的万紫千红、蝶舞鸟欢等，能够给我们带来的话题是无穷无尽的。而此时，孩子们在山野之上，又正好自然地远离了他们平时难以抗拒的电视机、电脑、手机的诱惑。因此，“健康云山”行程其实还是非常值得我们珍惜的亲子交流机会呢！

从这个意义上说，“健康云山”路径不仅给我们提供了运动和锻炼的良好场所，更给我们提供了精神抚慰、心灵润泽和亲子交流的重要场所。我们有必要充分利用好这个既便宜又重要的场所。

当然，健康路沿线也并非只有原生态的自然景观可供我们欣赏，沿途的钟辅廷墓同样可以给我们带来人文历史方面的深刻思考。从健康路入口到钟辅廷墓，仅隔460米左右。

钟辅廷墓，是目前白云山上最气派的墓地之一，规模宏大，石人、石马、石羊、华表一应俱全。代表家族科举成就的旗杆夹更是多达十六对。

墓主人钟辅廷，生卒年不详。竖立在墓侧的《南海大沥钟存善堂考一世祖钟公觐平大墓维修记志》记载：钟辅廷，字觐平，辅廷为其别字。此墓初建于清光绪二十二年（1896）。2011年7月，由钟氏家族集资重新修葺。

钟辅廷是一位靠从事出口中药材、香料等生意发家的清末行商。他的生平事迹可以说是一个在家族事业上颇为励志的典型。

据说，钟辅廷祖上五代单传，都是农民，因为穷，所以每代人都没钱念书。虽说钟辅廷的父亲曾在广西一带花工夫养猪，赚了点小钱，但总的来说，其家族事业都是靠钟辅廷白手起家，迅速发展起来的。

清同治年间（1862—1874），钟辅廷在广西靠卖桂皮给外国人做香料为业，后来生意越做越大，发展到拥有自己的海上运输船队，经济实力极为雄厚。广州西关宝华路、十六甫地段，以极具岭南园林建筑特色著称的集雅园（民间俗称“钟家花园”，位置在今清平饭店一带）和存善堂（即钟家大屋），就是钟辅廷发家以后，为了供养自己的父母而修建的。由于其极致奢华，这两座建筑成了最著名的西关大屋。

发家致富后，钟辅廷除了尽心孝敬父母，还以热心慈善事业著称。他在广州做了很多善事，比如清同治十年（1871），他首倡并与好友陈次壬等12人发起成立了广州第一家慈善机构（爱育善堂），致力于扶助救济孤儿；为缺衣少食的老百姓免费提供食品、衣料；举办义学；为去世后无力得到安葬的穷人筹措棺材；等等。

此外，钟辅廷虽然没有参加过科举考试，但根据晚清政府律例，名望好的富人可以用钱买官。于是，他也出钱买了“中宪大夫、知府职衔”的官职（差不多是四品官，死后又被清政府诰封为三品“奉政大夫”）。有了官衔护身，生意自然蒸蒸日上。到了民国初年，十三甫路整条街基本上都是钟辅廷的大儿子钟义年的产业。

有了钱，不愁温饱了，钟家也开始重视起后代的文化教育问题来。钟辅廷育有儿子六人，由于重视教育，钟家三代一共出了八个举人。其中，数人在广西、云南一带当县官。而在八个举人中，数钟辅廷的孙子钟锡璜功名最高。钟辅廷墓前的旗杆夹显示，钟锡璜为“光绪乙未科（清光绪二十一年，1895）会试第一百一十四名贡士，殿试二甲第八十名，朝考一等第十五名，钦点翰林院庶吉士”。

钟锡璜（字仲珏），钟文藻之子，排行第二。哥哥钟葆珩生育的是女儿，弟弟钟宝瑄则比他小10多岁，待弟弟长大后科举已经取消，没机会获取功名。因此，作为祖上产业的钟家花园，最后自然而然就分给了拥有翰林功名的钟锡璜。

然而，钟锡璜却是一个典型的败家之人。考取功名后，回到家里，他任何事情都不做，只管坐吃山空。结果，大约在1938年，由于家道中落，钟锡璜不得不相继将祖业钟家花园和钟家大屋全部卖掉。短短70多年的时间，曾经名噪一时的钟家花园和钟家大屋，可谓见证了钟辅廷家族的盛衰。

“历览前贤国与家，成由勤俭破由奢。”李商隐的感慨，用在钟辅廷家族身上，也是无比正确的。钟锡璜的“奢”，不仅在于大手大脚、花钱如流水，更在于百事不做、坐吃山空。

1938年10月底，日军占领广州。钟锡璜逃往香港避难，变卖家产所得的钱款很快花光，晚年甚至连最基本的生活保障都变得困难。1944年，钟锡璜病逝于广州，葬于伊斯兰教坟场。一代翰林的华丽生活终于落幕，钟家的辉煌渐行渐远。

1958年左右，著名建筑师郑祖良受命设计泮溪酒家，为了既节约经费，又达到最好的建设效果，他建议政府收购当时已经败落的钟家花园内许多木雕花罩、套色玻璃等古玩，作为泮溪酒家的建筑装饰物料。因此，钟家花园残余的一些古物被搬至泮溪酒家二楼贵宾楼做装饰。另外还有一小部分，则被收藏进荔湾区博物馆。

参观完家族事业大起大落的钟辅廷墓园，回到健康路上，继续我们的“健康云山”旅程，不得不感慨：任何一个人和任何一个家族，身体的健康和精神意志的健康，都是十分重要的。一个亲子一起游赏云山的家庭，来到钟辅廷墓前，确实应该好好思考一下：从钟氏家族的兴衰中，我们能够学到什么？如果是我们自己的家族事业，应该如何进行建设，应该如何合理传承？

从钟辅廷墓到走完健康路，还需要前行950米左右。经历过钟辅廷墓的精神洗礼之后，我们还是尽情地拥抱健康路上大自然的纯净和丰盈吧。

6

（约80分钟）

龙虎冈 — 白云松涛 — 梅花园门岗 — 百花冢

走出健康路与云天北路的交叉路口后，我们将沿云天北路前往龙虎冈。这段路程约800米。

龙虎冈，是白云山上又一处登高揽胜的好去处。在“健康云山”行程中，遇到一座“龙精虎猛”的山冈，哪能不攀上去好好享受一番呢？

龙虎冈冈顶有一座四柱双层亭，上层为白云山的防火瞭望哨，下层则是游客休闲亭。站在休闲亭中，可远眺黄婆洞水库如月牙般镶嵌在万绿丛中，感受大自然带给我们的惬意一刻；还可以看见不时有乘坐白云飞索的游客在我们眼前呼啸而过，旁观这项“网红”运动带给人们的惊险魅力。

在新白云机场落成之前，站在龙虎冈上，游客可以直接看见旧白云机场的东西跑道，看着飞机一架接一架，繁忙地起飞、降落。因此，当年这里曾吸引许多游客前来驻足远观。

白云机场整体搬迁后，机场旧址上建起了白云新城。不熟悉旧机场历史的人，都已经看不出白云新城曾经是旧白云机场的东、西跑道了。经济在发展，城市在变迁。白云山就像一位亘古不变的历史见证者，静静地见证着改革开放后的广州越来越繁华，越来越现代化。

离开龙虎冈，沿云天北路继续前行680米，我们就来到了“文化云山”和“挑战云山”行程中均曾到过的荡胸亭。在这里，云天北路和云山中路会合为同一条路——云山北路。

沿云山北路，从荡胸亭到达白云松涛的1.5千米路程，是“健康云山”“挑战云山”和“文化云山”相互重叠的路段。从“文化云山”“挑战云山”的角度来看，这一段路程并没有多少需要介绍的景点。

但从“健康云山”的角度来说，这1.5千米既平缓又舒适的路段，是对健康路以来总体原生态和氧分满满路程的延续。对于许多喜欢在白云山上徒步的追求健康的人士来说，这段路程也是值得好好享受一番的。

到达白云松涛后，“健康云山”的行程将转向东南方向。沿着一条新开辟的盘山公路下山，前行1.1千米就可以到达梅花园门岗。

梅花园，又叫“小梅坳”。明清时期，这里被种上许多梅花，成为白云山下又一处游览胜景。明末，文人墨客们都喜欢在梅花园附近聚集。其中最有名的，莫过于聚集在“乱世佳人”张二乔身边的一批文士了。

张二乔，早年名张丽人，后改名乔，字乔婧，号二乔。以号名世。生于明万历四十三年（1615）三月十六日，卒于明崇祯六年（1633）七月二十五日，年仅18岁。

张二乔，本是明末广州城里的一歌妓，但因其志行高洁，才华出众，甚得岭南诗人们的青睐。文士彭孟阳还与之暗生情愫，有意结为百年之好。可惜，红颜薄命，年纪轻轻的张二乔突然染病，卧床不起。彭孟阳虽与张二乔尚未有婚约，但他不希望自己心爱的人背负着“歌妓”的名号落葬。于是，他多方筹集金钱，将张二乔从青楼中赎出。遗憾的是，此时的张二乔已经病入膏肓。没多久，她便香消玉殒了。

关于张二乔的身世遭际，已有非常多的介绍，这里就不再赘述。但张二乔故事的流传，其实有一个非常特殊的时代背景，那就是：

在明清鼎革之际，由于清政府采取各种严酷的统治手段，当时大江南北直至岭南的文人士大夫们，不约而同地找到了一条以“乱世佳人”的风尘遭际寄寓山河沦丧之悲的文化曲径。正因为这条文化曲径的存在，在同一时期，江南记录了李香君、柳如是等志行高洁的乱世佳人的倩影，而岭南则出现了张二乔和“百花冢”的凄艳传奇。

张二乔生前，围绕在她身边的文人知己们，都是一些才华艳发、悲歌慷慨的忧国忧民之士，如陈子壮、黎遂球、彭孟阳等人。

张二乔去世时，离南明政权的最终覆亡，还隔着十三四年。但陈子壮、黎遂球、彭孟阳等人却在她去世12年之后的清顺治二年（1645，南明隆武元年），在战火纷飞中，隆重为她举葬。

一年之后，黎遂球率先慨然战死于抗清战场；两年后，陈子壮战败被俘，凛然面对残酷的磔刑，壮烈牺牲；彭孟阳则在知天下事已不可强为之后，只好选择归隐，郁郁避世，终其一生，决不事清。

与陈子壮、黎遂球、彭孟阳等人同时驰骋于晚明抗清战场的，还有张家玉（1616—1647）和陈邦彦（1603—1647）。如今，陈子壮、黎遂球、张家玉、陈邦彦和张二乔，都被刻在广州碑林景区的“白云山历史人物浮雕”上。

《白云山探古》谓：“白云山之有百花冢，犹如归绥之有昭君墓，虎丘之有真娘墓，西湖之有苏小小墓，丰湖之有朝云墓。”

我们觉得，换一个角度来看，岭南之有张二乔，犹如江南之有李香君、柳如是。这是一种特殊、隐晦的文化现象——张、李、柳几位“乱世佳丽”的身上，其实都寄寓着明清鼎革之际，士大夫们无力回天，但又渴望着“国可亡，天下不能亡”的一种文化共鸣。因此，他们期望借助这些“乱世佳丽”出淤泥而不染、冰清玉洁、守身如玉等精神，寄寓个人在乱世中的气节。

说起张二乔，就一定会提到百花冢。

1645年，张二乔去世12年之后，彭孟阳等人将其安葬于白云山下的梅花园。同时邀集广州城内诸名士，各为其赋诗一首，植花一种，以表达哀思与追悼。环墓栽下红梅、紫薇、木棉、含笑等名花近百种，共762株。朝霞暮霭，芳香四溢。张二乔墓因此被称为“百花冢”。自百花冢建成，每逢春秋佳日，羊城仕女多会前往吊祭。在这一点上，百花冢和昭君墓、真娘墓、苏小小墓、朝云墓，确实享有同样的文化尊荣。

百花冢在清代曾经数次修葺，尚完整。但在抗日战争期间却因日军占领整座白云山，禁止人们靠近而逐渐湮没，一度无人知晓其下落。直到1984年夏天，经过有心人的认真探访，才在梅花园广州军区第四招待所内重新发现此墓旧迹。

在一块天然花岗岩的右侧上端，斜刻着三个每字约10厘米见方的隶书——“百花冢”。左侧竖刻小字三行，只辨得首行中有正楷“山张”二字。广东省博物馆所藏拓本“百花冢”三字，正与此石刻相吻合。

虽然百花冢旧迹并不在现在的白云山风景名胜区范围之内，但作为白云山文化的重要组成部分，我们还是应该对它有所了解。

在“健康云山”行程即将结束之际，我们借百花冢讲起张二乔的故事。一方面，感慨于数百年前，山河沦丧之际，士大夫们的悲苦心境和乱世佳丽的凄绝传奇；另一方面，从张二乔年仅18岁就不幸遽然染病离世，我们也深深体会到人类生命的极其脆弱。

每一个热爱白云山的人，尤其是热爱“健康云山”行程的人，都应该时刻谨记生命健康对于我们的重要性。

以乐享自然、珍爱生命为根本目标的“健康云山”行程，到此正式结束了。衷心期望：每一位热衷于“健康云山”的游客，永远都能拥有健康的体魄，阳光的心境，亮丽的人生！

（本线路总耗时约五小时）

第四关

艺术云山

如果说经过前三天的介绍，大家觉得“文化云山”“挑战云山”“健康云山”这些行程都符合白云山实际的话，那么，当我们跟大家提起白云山的美妙行程中还有“艺术云山”这一说法时，不知道大家会不会觉得有点牵强？当我们直接领着大家往麓湖公园和雕塑公园的方向，准备去探访独具一格的“艺术云山”时，可能有些朋友更会怀疑我们是不是领错路了：麓湖公园、雕塑公园，它们也是白云山的一部分吗？

这个问题还真不应该成为问题：麓湖公园、雕塑公园，铁板钉钉就是白云山的一部分。不仅古代是，现在还是！

不信，可以查一查白云山风景区门户网站的景区导览板块。那里明明白白地写着：白云山共包含雕塑公园、鸣春谷、明珠楼、云溪公园、麓湖公园、云台花园、摩星岭等七个景区。看见没？雕塑公园还排在第一位呢。麓湖公园虽然排名靠后一些，但毋庸置疑也是白云山景区的一部分。

解决了麓湖公园、雕塑公园是否属于白云山的问题之后，接下来，我们就可以认真逛一逛白云山这两个迷人的山外之园，搞清楚为什么我们说它们充满了“艺术细胞”啦。

1

（约40分钟）

首先，我们来到的是麓湖公园。

麓湖公园，占地面积2.05平方千米，其中麓湖的水体面积为0.21平方千米，是广州市最早建成的一座全开放式城市公园，从建成之日起，四面八方均可以免费自由进出。

从云台花园大门口出发，穿过广园路人行天桥，沿麓湖路南行约480米，我们就来到了麓湖公园的东北入口。不过，在进入东北入口之前，我们还要先关注它对面的一座小小山冈——聚龙冈。

聚龙冈，是白云山南麓、今麓湖路东侧的一座小山冈。目前，白云山管理部门并没有明确对其进行地名标示。但在白云山的人文历史中，聚龙冈却颇为知名。因为聚龙冈上曾出现过两个非常著名的景点——白云仙馆、御书阁。

白云仙馆，原名葛仙道院，坐落于麓湖路东侧的聚龙冈上，坐东朝西，面向波光潋滟、绿意盎然的美丽麓湖。道院始建于清嘉庆十七年（1812），为道士江瀛涛和文人张维屏、谭天照、孔继光、黄培芳等所倡建。起初，这里是广州地区文人墨客经常雅集品文的地方；后来，因道教氛围越来越浓厚，其演变为由道士主持管理的真正的道院。

白云仙馆的文化根源，肇始于郑安期传说、葛洪神仙道教以及吕祖信仰等在广州地区的长期衍化。史料记载，“千岁翁”郑安期在白云山正式升仙的传说，为白云山积淀了极为浓厚的神仙文化氛围；东晋葛洪曾在白云山麓设坛传道、广植草药、修心炼丹，创立了广州道教符箓派和丹鼎派，从此，道教得以在广州扎根、衍播，并融入岭南文化之中；唐朝时，吕洞宾在白云山的行迹，又进一步推动了岭南道教的长期兴盛。于是，白云山麓的聚龙冈上才会出现这样一座幽妙的道教仙馆。当然，“云山二十九仙”的其他众多仙迹，也或多或少会对这座仙馆有所影响。

由于白云仙馆的主馆台基高出麓湖路路面，为了保护台基，建设者们专门用一批花岗石为台基做了围脚。其中，有五块均为一平方米的花岗石，前四块分别铭刻着“白、云、仙、馆”四字，另一块则刻着“邹鲁”字样。题刻时间为“丙戌（1946年）季秋”。

山门的石柱上刻有一副对联：“香火千年，祖庭瞻仰；白云四面，仙客栖迟。”上联“香火千年”的说法，对于白云仙馆本身来说，也许有点夸张。但对于整个岭南所崇敬的葛洪和吕洞宾来说，则不算夸饰了。何况，白云仙馆的大殿里还悬挂着郑安期的画像呢。如果从郑安期算起的话，白云山的神仙道教香火已绵延2000年以上了。这是岭南特色文化传统的重要组成部分，确实不容忽视。下联“白云四面，仙客栖迟”，十分契合白云山的“在地文化”氛围。读之，觉整座白云山仙氛缥缈，引人入胜。了解了“二十九仙，济济云山”文化的我们，读到这个下联，感触肯定会更加强烈。

正如仙馆正门门柱上另一副对联所揭示的：“从古白云多蒲涧，几番沧海又桑田。”白云仙馆建成至今仅300余年，却已历经一次又一次巨大的兴衰变迁：

清末，曾经轩昂近百年的白云仙馆早已倾圮，馆内道士也纷纷星散；民国初年，馆址被改为款客酒食之所（《白云山追古》谓：春秋佳日，汲山泉水泡茶，酌白酒黄鸡，佐以沙河粉，门庭若市）；抗日战争期间，白云仙馆被毁；从主馆花岗岩围脚的题刻可知，20世纪40年代中期，白云仙馆曾被修复过；新中国成立初期，白云仙馆也曾短期修葺开放过；20世纪六七十年代，仙馆又被拆毁，改建为职工宿舍。

直到1984年初，随着改革开放和麓湖公园的进一步美化、完善，白云仙馆作为麓湖景观的一部分，由广州市人民政府拨款重修。当年9月28日，白云仙馆重新开放，供人们参观、游览。修复后的白云仙馆以岭南建筑风格为特色，简朴中透出岭南园林独有的清雅秀逸的气韵。近年来，这里成为传播中国传统雅文化的一个生活空间，曾举办过一些中国传统文化沙龙活动，并开展过古琴、香道、茶道、绘画、书法、琵琶等雅文化知识的学习研讨活动。恰恰是这些雅文化气息，让白云仙馆具有了“艺术云山”的元素。

春天，白云仙馆门口和天井里，会种上很多盆栽植物——地涌金莲。

地涌金莲是一种芭蕉科植物，茎似芭蕉，高可达一米多。叶片浓绿色，呈椭圆形，顶端锐尖，形似芭蕉叶，长约50厘米，宽可达20厘米。但开花时，叶片往往已凋落。给人印象是，似乎茎无端从地底涌出，托举着顶端的几枚苞片和金黄色花朵。因此，人们给它起了一个吉祥美丽的名字——地涌金莲。

地涌金莲每年春天开花，花期将近半年。花期时，茎顶端的托叶变得一片金黄，颇有一种热烈喜庆的氛围。叶腋处的小花朵，则清香、娇嫩，黄绿相间，平添一份精巧与美丽。在传统文化中，原产云南的地涌金莲曾被佛教寺院定为“五树六花”之一。白云仙馆将其引种，颇增添了道教场所的雍容、肃穆和玄幻氛围。有一日，我们前往参观，还听见一位小道士正在煞有介事地跟人介绍：地涌金莲原本就是一棵芭蕉树，是因为在仙馆里听了吕洞宾祖师的讲道，才长成现在这种金灿灿模样的。小道士牵强附会的能力，着实令人忍俊不禁。

除了至今仍香火旺盛的白云仙馆外，在古代的聚龙冈上，还曾有过另一座颇为知名的古迹——御书阁。

御书阁，是南宋词人康与之奉宋高宗赵构御书，在白云山脚筑起的一座馆阁，距今已有近900年历史了。

康与之，字伯可，号顺庵，生卒年不详，只能确定其生活在北宋末年和南宋初期，洛阳人，世居滑州（今河南滑县）。史载，南宋建炎年间（1127—1130），宋高宗驻跸维扬，康与之曾上《中兴十策》，名噪一时。

康与之词，流传到现在共38首。黄升《中兴以来绝妙词选》卷一谓："凡中兴粉饰治具，及慈宁归养，两宫欢集，必假伯可之歌咏，故应制之词为多。"可见，他在南宋初期是颇为知名的一位词人，词作曾得到宋高宗赵构等人的认可。

但康与之在人品上却是有污点的。秦桧当国，他趋附求进，为秦门十客之一，被擢为台郎。秦桧死后，他被除名，解送钦州，接着移至雷州，不久又解往新州牢城（今云浮新兴县）收管。他筑御书阁于白云山麓，应该是从新州牢城出来之后。因为手里还有高宗皇帝赐给他的"御书"，于是他筑阁以自矜。他表面上是表达对当时已是太上皇的赵构的尊崇，实际上还是在炫耀自己曾经的辉煌。

封建时代，皇帝的御书是十分珍贵的物件。因此，康与之在白云山筑御书阁一事，在古代被各种典籍竞相记载。白云山脚的御书阁，也就成为历代知名的景点之一。

可能是因为御书阁曾经的历史知名度，1994年建设广州碑林时，康与之也荣登"白云山历史人物浮雕"，成为浮雕上展示的19位白云山历史人物之一。其实，现在想来，康与之入选“白云山历史人物浮雕”，还是很值得仔细斟酌的。无论是从诗词作品在现当代的影响力，从具体描述白云山的景物，还是从人品的榜样作用等方面，康与之都远远比不上他的同时代人杨万里。当初选择康与之而舍弃了杨万里，显然是经不起推敲的。

随着皇权制度的烟消云散，御书、御书阁的神圣光环自然也荡然无存了。因此，御书阁作为景点，也早已淡出现代白云山的景区体系了。现在，御书阁的遗址究竟在聚龙冈的什么地方，也没有人能够讲清楚。康与之与白云山历史文化的联系，也必将越来越疏远，越来越不值一提。

离开白云仙馆和御书阁所在的聚龙冈，穿过麓湖路往西，我们就来到麓湖公园的东北入口——凤鸣桥。

凤鸣桥是连接麓湖路和麓湖北路的一座公路桥，造型简朴，坚固实用，应该是1958年麓湖水库初筑时就已经建成的老景观。跨过凤鸣桥，我们就正式进入麓湖北路风景带了。

麓湖北路，是2012年以来广州市政府努力打造的环麓湖风景带工程的重要组成部分。以环湖绿道为核心，沿麓湖北岸先后建设了木平台、长廊、木栈道、园路等许多亲民环保的新景点。崭新的景观设施，越来越完善的绿化环境，吸引了更多的市民游客在每日晨昏或者节假日，来到湖岸边赏花、观鱼、逗鸟、摄影、唱歌、跳舞、休闲、运动等，可谓各得其乐，各取所需。

当然，麓湖北路越来越吸引市民和游客的注目，还因为以星海园、鹿鸣酒家、畔山酒店等为代表的环麓湖北路各经典景点不断推陈出新，越来越大众化。

2

（约70分钟）

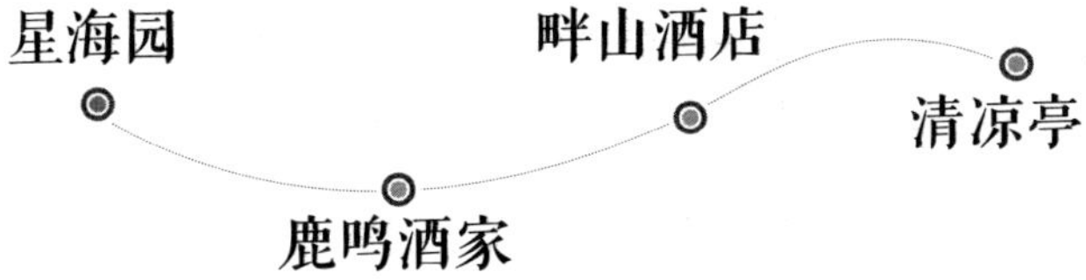

从凤鸣桥沿麓湖北路前行约700米，跨过洁白修长的星海桥，右侧就是星海园了。

星海园，是广州市政府为纪念划时代音乐巨作《黄河大合唱》的曲作者，被誉为“无产阶级音乐先驱”“人民音乐家”的冼星海而修筑的一座庄严肃穆的纪念陵园。

冼星海（1905—1945），祖籍广东番禺（今广州市南沙区榄核镇），出生于澳门一个贫苦渔民家庭。他尚未出生，父亲便已经在出海时不幸去世，母亲含辛茹苦，靠帮佣、打零工，把他抚养成人。

少年时期，冼星海就表现出相当强的音乐禀赋和良好的情商。因此，他受到一些有识之士的器重和帮助。1930年春，冼星海靠勤工助学（在海轮上当司炉）和友人的帮助，抵达法国巴黎学习音乐。五年后，他结束了在巴黎音乐学院的学习。但直到此时，冼星海仍然一贫如洗，连回国的船票都没钱购买。于是，他又在友人的帮助下，找到一艘可以免费搭乘的货船，于1935年夏，经香港艰难地回到上海。

在巴黎学习、生活都非常困难的时候，同为广东人的马思聪曾把冼星海介绍给自己的老师奥别多菲尔。奥师在了解了冼星海的困难之后，不仅免了他的学费，而且还给他提供了助学金。此后，马思聪还给过冼星海其他一些力所能及的帮助。

归国初期的三年多时间，冼星海主要在上海和武汉，投入抗战歌曲创作和救亡音乐活动，先后创作了《救国军歌》《保卫卢沟桥》《游击军歌》《在太行山上》《到敌人后方去》等著名抗日歌曲。一些左翼音乐艺术家及时发现了冼星海的巨大潜能，通过周恩来向党中央做了汇报。

1938年9月，冼星海接到了一封落款为“延安鲁迅艺术学院全体师生”的邀请电报。于是，他高高兴兴地与未婚妻钱韵玲携手离开武汉，千里奔赴延安。两人在途中正式结婚。当年冬，冼星海抵达延安，在鲁迅艺术学院任教师，并担任音乐系主任。

在延安生活的时间虽然只有短短的一年半，但冼星海的音乐创作成就却达到了巅峰。在延安浓郁的抗战氛围和高昂的战斗意志影响下，冼星海以惊人的高效率，迅速谱写了《军民进行曲》《生产运动大合唱》《黄河大合唱》《九·一八大合唱》等许多优秀的音乐作品，在全国各地都引起了极其强烈的震动。这些战斗性极强的音乐，对激发全民族的凝聚力，产生了不可估量的作用。当时，许多知识青年就是唱着“风在吼，马在叫”，慨然奔赴延安，并最终走向抗日战争最前线。

1940年5月，受毛泽东委托，冼星海奔赴苏联，准备为大型纪录片《延安与八路军》进行后期制作与配乐。临行前，毛泽东专门在家中请冼星海吃饭并为他饯行。

可惜的是，由于1941年6月22日德国侵略军突然发起对苏联的闪电战，《延安与八路军》的制作工作不得不停顿。

战乱交加之际，冼星海滞留于哈萨克斯坦的首府阿拉木图。在战时经济生活十分困难的情况下，冼星海仍努力坚持他的音乐创作，相继完成了《民族解放交响乐》《神圣之战》、管弦乐组曲《满江红》、交响诗《阿曼该尔达》和以中国古诗《敕勒歌》《牧马词》为题材的独唱曲等许多作品。然而，因过度劳累和严重营养不良，他的肺病日益严重。虽经苏联有关方面将他送到莫斯科的克里姆林宫医院接受治疗，但病魔无情，冼星海不幸于1945年10月30日病逝，被安葬在莫斯科近郊公墓。

1983年1月25日，应冼星海家属的请求，苏中友好协会将冼星海的骨灰移交给中国，由中国驻苏联大使馆派专人护送回北京。1985年，时值冼星海诞辰80周年、逝世40周年之际，广州市政府决定在麓湖公园北岸修建星海园，纪念这位伟大的音乐巨匠。当年12月1日，星海园建成，正式对外开放，同时还举行了冼星海骨灰迁葬仪式。

如今的星海园，经过多次扩建、装饰和完善，已经成为广州市著名的革命纪念建筑物之一，也是广州市文物保护单位和爱国主义教育基地之一。

园区内青松、翠柏、红棉、白兰、南洋杉、狐尾椰子、大叶榕等高大乔木整齐矗立，呈现出一派庄严肃穆的氛围。园内竖立着一座两米高的黄蜡石纪念碑。碑石上铭刻着毛泽东为冼星海逝世而作的题词：“为人民的音乐家冼星海致哀！”

进入园区，沿墓道直上，可以看见一座绛红大理石饰面的菱形高台。高台上方为2.5米高的巨型花岗岩雕像，这就是冼星海的陵墓所在。大理石基座底，安放着冼星海的骨灰。冼星海的雕像作凝神沉思状，象征这位伟大的音乐巨匠正在刻苦构思着崭新的战斗乐章。雕像作者是著名雕塑家、广州美术学院教授曹崇恩和廖慧兰。

园内还设有音乐亭廊，以及300平方米的冼星海纪念馆。根据冼星海的生平，纪念馆共分为七个部分，即冼星海“在广州、北京、上海”“在巴黎”“归国回到上海”“上海、武汉”“在延安”“在苏联”“缅怀”等。馆内各种翔实的历史资料，完整地展示了这位音乐大师极不平凡的一生，非常值得生活在和平年代的我们认真学习和瞻仰。

参观完星海园，领略完音乐艺术的无穷魅力，紧接着我们将体验另一种艺术带给我们的美妙享受。这种艺术，就是给我们带来口腹之美的粤菜烹饪艺术。从星海园继续前行不到300米，就到了号称足以与麓湖公园齐名的粤菜名店——鹿鸣酒家。

其实，鹿鸣酒家的兴建，比麓湖公园的命名还要早。早在麓湖公园还被称为麓湖水库的时候，一家由广州市委、市政府投资兴建，由广州市市政园林局经营，隶属麓湖管理处的高端粤菜酒家就已经正式开始对外营业。时间是1980年10月1日。

鹿鸣酒家依山傍水，环境幽雅，空气清新，以一流的园林餐饮环境和出品精致、服务高端而著称。开业44年来，广受社会各界好评。2001年被评为“广东餐饮名店”，2002年被授予“中华餐饮名店”称号、被评为“羊城十大明星餐饮企业”，堪称岭南粤菜餐饮艺术的重要名片之一。

鹿鸣酒家的经营以粤菜为主，梅花鹿菜式曾经长期成为镇店品牌。各式梅花鹿菜式在历届广州美食节上屡屡获奖，受到广大食客好评。因此，鹿鸣酒家还曾被誉为广州“鹿肴第一家”。那么，鹿鸣酒家为什么会形成“鹿肴第一家”的独特传统呢？原来，20世纪70年代，白云山可憩茶座的对面曾建有一座梅花鹿养殖场。最多的时候，梅花鹿存栏数量达200头。正是这些养殖梅花鹿，成了鹿鸣酒家早期出品梅花鹿菜式的原料来源。在原料充足的前提下，当年鹿鸣酒家出品的“鹿三宝”“火焰贵妃鹿柳”“冰镇鹿蹄筋”等名菜，都曾荣获广州国际美食节“名牌美食奖”。

鹿鸣酒家曾经长期坚持经营的梅花鹿菜式，使人很容易以为“鹿鸣”二字的来历就直接与这些鹿肴美食有关。但其实，店名“鹿鸣”，首先是来自酒家所处之地，历史地名原本就叫

“鹿鸣冈”。经营鹿肴美食，成为镇店特色品牌，一定程度上是凑巧，然后才是经营者们对品牌特色的坚守。

此外，作为高端宴饮经营店家的鹿鸣酒家，其“鹿鸣”二字，本身也包含着中国传统宴饮文化的深厚底蕴。众所周知，《诗经·小雅·鹿鸣》原本就是一篇热情洋溢的宴饮诗篇。全诗三章，每章的开头都以“呦呦鹿鸣”起兴，然后以琴瑟笙簧相佐，欢快地描述了宾主之间十分和谐愉悦的心情，以及宴饮场所的融洽欢欣氛围。正因如此，酒家以“鹿鸣”为名，对于每一位熟悉中国宴饮文化传统的食客来说，无疑都会大大增强食欲，增强对中华烹饪艺术和文化的自豪感和认同感。

离开鹿鸣酒家，沿麓湖北路继续前行约650米，就到了麓湖公园内唯一一个食宿兼营的服务场所——广州畔山酒店。

畔山酒店，坐落于麓湖公园西北侧，前邻广阔的麓湖湖面，后靠绿树浓荫的麓湖北侧山岭。在广园路和环市路之间，尤其是相对于环市东核心商务金融圈来说，这里真可谓红尘中的净土、闹市中的绿洲。

炎炎夏日，这里是背山临湖、凉风习习的天然氧吧；凛凛寒冬，这里的客房又拥有广州地区少有的地热循环系统。再加上春花烂漫、秋叶流金，相信对于许多钟情于大自然氛围的客人来说，一年四季，畔山酒店都是殊为难得的选择。

从畔山酒店继续往前345米，我们便来到了清凉亭。

清凉亭，以“清凉”为名，固然跟它坐落在麓湖岸边，夏日吹过麓湖湖面的南风能给亭中游客带来惬意无穷的清凉有关。但更细致地推究，它的命名来历，还跟附近曾经有过一个吸引着许多市民游客的“清凉茶室”有关。如今，时移世易，曾经热闹的茶室已经关张，但清凉亭作为市民百姓的挚爱，依然发挥着湖畔亲民景点的独特作用。

清凉亭南侧的两根亭柱上，镌刻着一副与“清凉”二字十分匹配的对联：“四山争抱一湖月，半琖先生两腋风。”上联写活了麓湖月夜清净澄澈的美景；下联中的“琖”，为茶盏之“盏”的异体字。因此，下联正是以唐代卢仝咏茶诗中的“唯觉两腋习习清风生”名句为典，写出了清凉亭适合饮茶乘凉的快意和悠游。对联由广州市著名书法家董百振创作并书写。

3 云山珠水雕塑 人工瀑布 文溪亭 陆公桥

（约30分钟）

穿过清凉亭，再前行200米，我们就来到了麓湖的西南侧。这里是麓湖水坝的所在地。水坝的下方有四处景点值得我们关注：云山珠水雕塑、人工瀑布、文溪亭、陆公桥。

云山珠水雕塑，建于2015年，作者为著名雕塑家潘鹤（1925—2020）、潘奋父子。

白云山、珠江水，毫无疑问是岭南地区广大人民的“父亲山岳”“母亲江河”。麓湖排水口，恰恰又是白云山与广州城内珠江水系主要溪流交汇的地点。在这里竖立一座云山珠水雕塑，可以说是恰如其分的创意了。

作为岭南著名的雕塑家，潘鹤、潘奋父子以“母亲奋力托举着幼子”为核心构图，展现出云山珠水对于岭南地区文化、文明的孕化哺育之恩。核心构图周边，饰以众多岭南特色鲜明的元素：芭蕉树、木棉枝、素馨花瓣、广州古城地图、五羊塑像、镇海楼、怀圣寺光塔、南越王墓图腾等；青石雕塑前，还放置了一尊铜鹿塑像，应该是用于象征云山珠水雕塑的所在地麓湖。然而，令人有些遗憾的是，整个构图中，白云山的元素表现得不够鲜明突出。

云山珠水塑像南侧数米远，有一座落差三四米、宽达七八米的人工垂帘瀑布，直接连通麓湖西南侧的排洪渠道。每当雨水充沛的时节，麓湖周边的雨水多被集聚于此，倾泻而下。如遇雨后初晴，闪烁的阳光，弥漫的水雾，夹杂着不断的轰隆声，也颇为壮观。对于许多长期生活在狭窄的都市楼宇之中的广州市民来说，足不出市，就能够欣赏到这样一种近似于自然状态的美景，实在也颇值得珍惜。

只是，近年来这座瀑布的水不够干净。游客经常尚未靠近瀑布，就已经能闻到刺鼻的臭味了。这就有点煞风景了！衷心期待这一现象能够得到相关管理部门的重视，尽快得到改善。

垂帘瀑布的西南侧，竖立着一座文溪亭。

文溪亭，是清代曾存在过的一处著名风景。清代倪望重有一首《新正拜先茔还过文溪亭即目》，留下了对当年文溪亭的记录。当然，我们眼前所见的文溪亭，并非原物，而是近年重修的。

文溪亭是以古代广州城内最著名的溪流“文溪”为名的，因此很容易激发起广大市民对广州城2000多年文明历史的追忆和景仰之情（关于文溪，详参“健康云山”之濂泉门岗和泰霞洞）。文溪亭亭柱上一副对联“十里湖光倾快瀑，半山云影入东濠”，以麓湖湖光、人工瀑布、云山倩影、东濠秀色等次第入联，读之十分亲切绵邈。历史的浑厚与现实的亲和，在这里相互交织，让人不得不停住匆匆的步履。

文溪亭再往西南数米，有一座小桥，被命名为“陆公桥”。

陆公，指的是三国时吴国的交州刺史陆胤。他是第一位为广州城疏凿甘溪（文溪的上游），“导以给民，蓄水使民得甘食”（《三国志·吴书十六·陆胤传》）的广州太守。因此，1000多年来，广州地区百姓都十分感激他的德政。建陆公桥以纪念造福百姓的良吏，也是弘扬地方传统文化，激励新时代广州城市管理者更加亲民、惠民、益民的良好举措之一，值得赞许。

美中不足的是，文溪亭和陆公桥建成之后，周围并没有任何关于这两个景点的必要介绍，甚至上网查找都找不到相关的资料。对于多数年轻市民和近年来数量增长很快的广州新市民来说，这些广州市珍贵的历史知识，还是需要专门宣传，才能够真正深入人心。

4

（约80分钟）

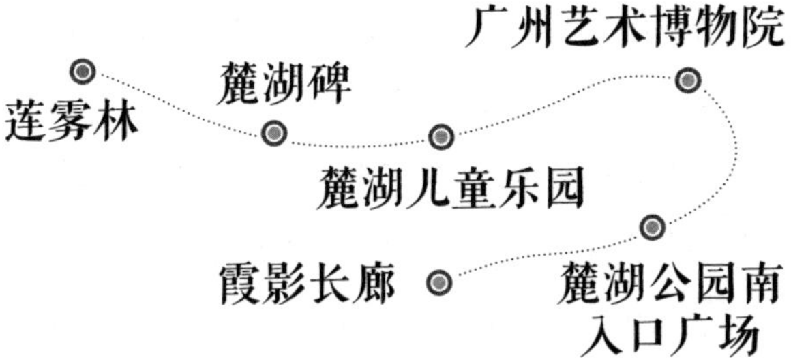

回到麓湖水坝上，继续往前行进，就到了麓湖的正南方向。

这段路上，首先可以看到湖岸边长着将近20棵颇有些年头的高大洋蒲桃（莲雾）树，这是我们在广州市区内见过的最大的一片莲雾林子了。每年5—6月，满树鲜艳粉红的莲雾果实，特别吸引游客的眼球。麓湖湖畔的这种莲雾果，跟我们在水果市场上买到的水果莲雾略有区别：可能是水果莲雾需要更热的热带气候，才能让果实有更高的甜度，才能产生更加良好的口感。而广州地区的莲雾果实虽然长得很好看，却基本上没有什么甜度，需要切成薄片，加上一些白砂糖或蜜糖拌过后才好吃。因此，每年麓湖边这些莲雾果成熟后，基本都没有市民去采摘。

其实，稍微添加一些蜜糖后的广州莲雾果，也是爽脆多汁、口感颇佳的呢！甚至，有一些乡土美食还会把莲雾果做成“鱼饼焖莲雾”“鱼骨莲雾汤”等色、香、味俱佳的特色菜肴，让许多初次尝鲜的食客垂涎欲滴。

沿着莲雾林前行约280米，我们就看到了整个麓湖最具“网红”气质的一处景点——麓湖碑。

麓湖碑，是为了纪念1958年广州市社会各界积极参加义务劳动，筑坝修建麓湖水库而竖立的一块纪念碑石。碑石正面是巨大的“麓湖”二字，背面则是1985年3月重立碑石时刻写的碑文《修建麓湖经过》。

麓湖碑正面的“麓湖”二字特别醒目，因此这里成为游客们最喜欢拍照打卡的地方。互联网上随便就可以找到许多麓湖碑正面的照片，因此我们说它是“网红”。但麓湖碑背面的碑文是阴文雕刻，又没有描上色彩，看起来颇有些费劲，也不那么适合拍照，因此，遍翻全网，竟然没能找到一张麓湖碑背面的照片，更找不到完整的《修建麓湖经过》全文。为此，我们决定把全文抄录于此，以方便读者更深入地了解麓湖：

本水库原来是一片洼地，荒山环绕，杂草丛生。每当雨季，山洪暴发，而又值潮涨时，东濠涌宣泄不及，致令登峰路、豪贤路及东濠涌流经的街道、住宅与游鱼冈一带的农田，均泛滥成灾，给人民生命财产造成不少损失。

为根除这一祸害，中国共产党广州市委员会和广州市人民委员会决定，号召市属机关职工义务劳动，兴建此水库。兴建期间，得到全市有关单位的支援。建成后，不仅使居民免受水患，灌溉农田，并成为劳动人民游憩场所。因本水库位于白云山麓，故名麓湖。

麓湖坝高九公尺，两堤长度共二百八十七公尺。正常库容五十二万六千立公方，能滞留百年一遇之最大洪水。滞洪时库容共可达一百一十二万六千立公方。

麓湖于一九五八年二月二十五日动工，同年五月一日竣工。

广州地区××××（后四字损毁）

1985年3月重立

结合上述碑文和其他一些相关资料，我们可以大体梳理清楚麓湖的来龙去脉。

麓湖公园，如今给人的印象只是一座自然宁静、舒适宜人的大型山水园林公园。其实，从古至今，在此地兴修水利设施，最重要的功能还是蓄水防洪，根绝水患。

在南汉王朝和宋朝时期，麓湖一带就曾被蓄水为池，用于灌溉农田和保证广州古城内居民的日常生活饮用，称为“金液池”。从名字看，当时应该也带有一定的休闲娱乐功能。

但麓湖一带地处白云山蒲涧等多条山溪水流汇聚的要冲之地，每当暴雨时节，白云山上的溪水奔流而下，此处便成为广州地区的山洪灾害高发区，每年都会导致人、财、物的巨大损失。虽然历代都曾进行过一些治理，但1000多年来，并未能彻底解决问题。

尤其是在民国时期，由于清末以来一直没有展开过有效治理，因此，每当大雨过后，从白云山脚到小北花圈一带，经常洪水滔滔。20世纪初，广州市的城市人口不断增加，小北花圈一带的人口也越来越稠密。但白云山脚以下，一路无遮无拦的地势，使得每年多雨时节，居住在麓湖以下区域的家家户户经常被洪水浸泡，生活苦不堪言。甚至20世纪20年代还发生过老人院深夜被洪水淹没，令100多位老人不幸丧生的惨剧。

为了根除麓湖一带的洪患，1958年，中共广州市委和广州市人民政府经过认真调研规划，拨款并发动市属各机关职工积极参加义务劳动。终于，在今麓湖南岸名叫“游鱼冈”的地方，建起了两座高9米、长度合计287米的水库大坝，将白云山各条山溪的水流拦蓄汇聚到一起，形成今天我们见到的广阔湖面，从而彻底解决了广州城北部长期以来的洪水泛滥问题。

由于水库大坝建在游鱼冈上，因此水库初名“游鱼冈水库”；后又曾采用历史地名，称为“金液池”；1965年，因当时特殊的时代氛围，“金液池”三字被认为带有“封资修”的嫌疑，于是根据它坐落在白云山南麓的位置特点，改名为“麓湖水库”；直到1983年，随着水库范围内园林元素的不断增加，以及改革开放以后市民休闲、娱乐、运动、餐饮等需求的不断增强，广州市政府顺应民情，加大投资力度，将麓湖水库开辟为市民公园。直到此时，已经建成25年的水库才被正式定名为“麓湖公园”。

从1983年至今，广州市政府一次又一次投资完善麓湖景区的各项设施。如今，麓湖公园依山蓄水，被文人雅士赞誉为“一山环秀水，半岭隐涛声”的山水秀美之地。园内山明水碧，百鸟翔集，美景如画，四季花香，是广州市民日常休闲漫步和节假日观赏游览的好去处。

麓湖公园的植被由落羽杉、宫粉羊蹄甲、大花紫薇、马尾松、台湾相思、桉树、木麻黄、竹等构成混交林。春天，宫粉羊蹄甲、大花紫薇等繁花相继盛放；夏天，各种植物生机勃勃，绿树阴浓；秋冬，落羽杉等落叶树木被金黄色叶笼罩。不同季节，色彩各不相同，画面十分绚丽迷人。

麓湖碑南侧，道路对面，即为原“麓湖儿童乐园”的所在地。目前暂时被地铁工程征用为建设工地。

麓湖儿童乐园占地26000多平方米，园内最引人注目的设施就是面积1000平方米的儿童游泳场。它曾是炎炎夏日孩子们嬉游戏水的最好去处。儿童游泳场设有深水池、浅水池、按摩池三个不同的功能区，并配有石山瀑布、花架喷水、景石涌泉等生动有趣的造景设置。游泳场周围绿化完善，环境优美。每年夏天，许多家长和孩子会一起来到这里，快乐消暑，悠游纳凉。此外，乐园内还曾有许多现代化游乐设施，如惊险刺激的蝴蝶机、高塔游戏机、反斗城、七彩船、森林狩猎等。

真诚期待地铁工程建设完成以后，这个深受孩子们喜爱的儿童乐园能够尽快恢复营业。毕竟，孩子们天真烂漫的欢笑声，也是麓湖公园最天然、最纯美的风景之一呀！

麓湖儿童乐园南侧紧贴着的就是广州市民心目中的艺术圣地——广州艺术博物院。

广州艺术博物院坐落于麓湖南岸，占地面积20300平方米，建筑面积40300平方米，由中国工程院院士、著名建筑设计大师莫伯治主持设计。首期工程于2000年9月23日正式建成开放。2003年，恰逢广州艺术博物院第二期工程完成之际，莫伯治却不幸因病去世，享年89岁。从一定意义上说，广州艺术博物院也是莫伯治毕生建筑艺术生涯的纪念篇章。

广州艺术博物院，前身是有着40多年历史的广州美术馆。经选址于麓湖南畔重建，大力提升打造后，如今它已成为华南地区最著名的艺术类博物馆之一，集收藏、研究、展览、教育、交流和休闲于一体，是广州市文化艺术跨世纪的标志性工程之一。2015年，广州艺术博物院被评为全国重点美术馆。

广州艺术博物院的收藏，以中国历代书画作品为基础，以岭南地区的书画作品为重点，兼顾其他门类的艺术作品。藏品包括中国画、书法、油画、版画、水彩画、水粉画、粉彩画、漫画、漆画、雕塑、唐卡、铜器、陶瓷、木器、剪纸等众多类别。藏品年代上起新石器时代，下至当代，其中不少为国宝级文物，具有很高的艺术价值和历史价值。每天都吸引省内外不少艺术爱好者前来观摩学习。

广州艺术博物院的建成，使得麓湖景区进一步成为“艺术云山”的核心。尤其是其鲜明的岭南艺术特色，更是给游客们留下了极为深刻的印象。除了中国历代绘画馆、岭南馆等综合性展馆以外，许多岭南艺术家，如高剑父、陈树人、赖少其、关山月、黎雄才、赵少昂、杨善深、廖冰兄、杨之光等艺术名家的个人专馆，都非常值得我们认真细致地欣赏。

颇为独树一帜的是，以广州美术馆为底色的广州艺术博物院二楼，还专门设立了一个马思聪音乐艺术馆，这充分说明了广州人民对马思聪音乐艺术成就的崇敬和珍视。前往广州艺术博物院参观时，千万不要错过这个独特的艺术馆。

广州艺术博物院北侧，隔着麓湖路与艺博院相连的，是麓湖公园南入口广场。

麓湖公园南入口广场，原名“麓湖绿化广场”，其造型原本是以西汉南越王墓出土的玉如意等文物的形状为基本设计框架，合理利用地势，形成一个大型的下沉式娱乐广场。广场建成后，集文化、休闲等功能于一体，成为广大市民晨练、健身和游赏的好去处。

2019年，根据广州市政府公布的《广州花园及周边地区控制性详细规划》，广州市拟建的重点工程——广州花园，将在白云山南麓，从云台花园北侧直至麓湖公园南入口处的广大范围内修建。其前置区，主要是以麓湖公园为中心的公共绿地部分。前置区的基本建设思路为依托现状，因势造景，全面升级优化麓湖风景区。

广州花园前置区的建设重点是：对麓湖公园的道路、滨水空间、植物花卉、公共服务设施等进行多方面细致改造。沿现有的麓湖路，升级打造出一条顺畅连接白云山与麓湖景区的迎宾花园大道。

2021年，作为广州花园的起步工程，麓湖公园南入口改造工程顺利完工。该工程的主要成果是建起了面积约4万平方米的云山境界景区。该景区包括舒适的人行步道、山顶观景平台、麓湖南入口广场、花瓣广场、跌水广场、悬空观景台和水景花海等。入夜，广场上条条璀璨的光纤灯带，宛如银河漫天，繁星闪闪，令人目不暇接。

穿过麓湖公园南入口广场，沿麓湖路西侧再往北150米，就到达了观赏麓湖整体风光的最佳位置——霞影长廊。

霞影长廊，位于麓湖的东南岸。从此处观赏整个麓湖，远眺北岸风光，角度甚佳。尤其是在晚霞漫天的时刻，湖光、山色、霞彩，俱浑融一体，上下天光，熔金烁玉。其命名为“霞影长廊”，可谓名副其实。

晴日，从霞影长廊北望，整个鹿鸣酒家外景及其倒影，尽收眼底；鹿鸣酒家背靠的一带黛绿山岭，在盈盈湖光的映衬下，越发苍翠欲滴；金光灿灿的鸿鹄楼，矗立在北岸山岭的最高处，牵引着游人登临探胜的目光。

雨天，麓湖水面，薄雾迷蒙；岸边林木，浴水含烟，则又是另一番迷离惝恍、幽曲深秀的诱人境界了。

夜晚，站在霞影长廊，还可以纵情览观鹿鸣酒家极其壮观的霓虹灯彩，包括鸿鹄楼上高处的许多璀璨射灯。

因此，霞影长廊是许多风光摄影爱好者心中的最爱，被一些摄影“发烧友”私下命名为“摄影长廊”。

从宏观的景区布局来看，麓湖西侧的潋滟桥（此桥本未命名，但桥北侧湖岸上有著名书法家卢有光所书“潋滟”二字，姑且称其为“潋滟桥”）和曲玉桥，接连蜿蜒盘曲于湖面，在碧波荡漾中，似两条悠游浅翔于湖波之上的蛟龙，随时欲凌空飞翔；而麓湖南入口广场的舒适人行步道，则像一道弯曲的彩虹，长年悬挂在麓湖的东南岸。

眼前此景，很容易让人联想起杜牧《阿房宫赋》中对于阿房宫长桥、复道的赞叹：“长桥卧波，未云何龙？复道行空，不霁何虹？”

可见，无论是秦朝、唐代，还是现在，在中国传统园林艺术中，湖面曲桥与岸边复道，从来都是不可或缺的造景元素。

麓湖之美，毫无疑问是根源于中国传统优秀园林造景艺术的成功！

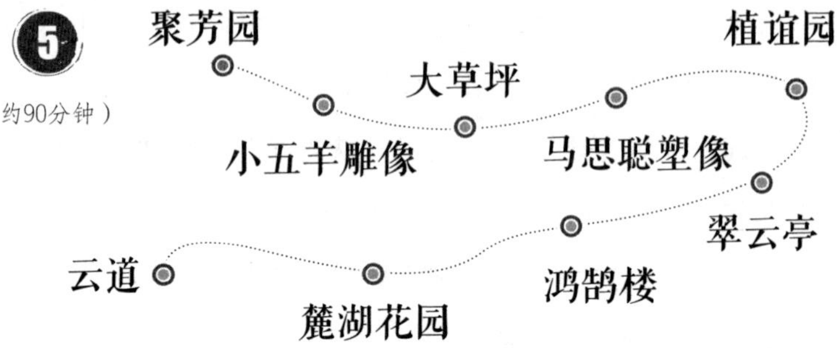

从霞影长廊再往北，虽然还有湖岸边的绿道可以一直通到我们进入麓湖公园时的东北入口——凤鸣桥，但因为湖岸相对比较狭窄，而旁边麓湖路的车流又比较大，因此，最佳的游览线路，还是回到麓湖水坝上方，走五六百米的回头路。然后，再穿过我们上文提到的潋滟桥和曲玉桥这两座跨湖曲桥。这样，我们便回到了麓湖的西北岸。

而曲玉桥北侧上方，再往西行约150米，就是我们上午有意没有跟大家介绍的一处景点——聚芳园。

聚芳园是以广阔水面为核心的麓湖公园里的一个园中园。如果说从上午到现在为止的行程中，我们所看到的麓湖公园都还是以水景为核心的话，那么聚芳园以山景为主的美丽景致，正是对麓湖公园总体景点体系的一个重要补充。有了聚芳园的补充，整个麓湖景区就从相对单调和平面化的水面景观，提升为水景与山景相辅相成的、比较立体化的景观体系了。

聚芳园早在1984年便正式对外开放，但由于其大门低调朴实，许多游客都在不知不觉中错过了它。这可十分遗憾哟!

从聚芳园大门进去20米左右，眼前豁然开朗。但见园内绿意盎然、繁花似锦。此处有一个三岔路口，路口右侧十多米处，就是聚芳园版的、别具一格的小五羊雕像。

此小五羊雕像的造型，与越秀公园里的五羊城徽雕像截然不同：五只羊被分成三组。一只母羊和一只小羊跪伏在地上相对休憩；一只公羊口含稻穗站立正中，一只小羊紧随其后；最后一只公羊面朝中间站立着，也有跟随之意。总之，五只羊整体上都呈优游闲适之状，不像越秀公园里的那五只羊，总体呈傲然挺立的严肃姿态。但正是这种悠游休闲的气度，能够带给人特别亲切祥和的感受。这使得这组主要供广州本土市民欣赏的雕像更加亲民，也更加闲雅素朴。

令人惊异的是，这组雕像的作者并不是什么专业人士，而只是白云山管理部门一位现已退休的业余作者，名叫梁炽。看来魅力无穷的白云山里，能人也是多多呀!

小五羊雕像的左前方，是占地10000多平方米的聚芳园大草坪。

聚芳园大草坪，是广州市内比较少有的允许游客直接进入，甚至可以使用简易帐篷的大型草坪。每年春秋季节，一些游客家庭会在预约申请的前提下，携带简易休闲帐篷，来到这个大草坪亲近自然，自由嬉乐。

大草坪右侧，是著名作曲家、小提琴演奏家和音乐教育家马思聪的塑像。

马思聪（1912—1987），广东汕尾海丰人。父亲马育航同广东的风云人物陈炯明是总角之交。陈炯明治粤期间，马育航曾担任广东省财政厅厅长。

马思聪11岁随长兄赴法国，开始学习音乐。30岁左右就已驰誉国内乐坛，在中国近现代音乐史上占有极为重要的地位。他也是少有的在国际乐坛上享有较高知名度的中国音乐人。

雕塑的上半部分，是马思聪的半身塑像。只见他手扶小提琴，凝神沉醉于缠绵柔曼的音乐意境之中；雕塑下半部分的石碑上，则铭刻着马思聪最著名的曲谱——《思乡曲》。

马思聪的优秀作品还有《摇篮曲》《内蒙组曲》《西藏音诗》《塞外舞曲》等。

1946年，生活在国统区的马思聪，得到冼星海去世的消息，曾在《新华报》撰文悼念冼星海。在国共合作破裂的情况下，这一举动是要冒一定风险的。1949年，他曾多次力辞司徒雷登等人的赴美工作邀请；新中国开国大典前后，马思聪先生又主动、坚定地从香港回到北京。所有这些举动，都证明马思聪是一位有着强烈爱国情怀的进步音乐家。1950年，周恩来总理安排马思聪担任中央音乐学院首任院长，并兼任中国音乐家协会副主席、《音乐创作》主编等职。

1967年1月，马思聪携妻子儿女赴美国定居，从事作曲、教学工作。1987年3月，马思聪因感冒住院，转为肺炎，并引发心脏病。5月20日，原本以为把握很大的一场手术，却不幸失败。在美国费城宾州医院冰冷的手术台上，中国一代音乐巨擘马思聪与世长辞，享年76岁。

2007年12月11日，马思聪及其夫人王慕理的骨灰，在儿子马如龙等亲人的护送下，从美国运回广州。12日，在《思乡曲》的背景音乐中，在一个小型的迎灵仪式之后，两位老人的骨灰按其子女的意愿，“撒在白云山麓”。这在一定程度上弥补了他们生前未能回到祖国的遗憾。

20世纪早期中国最著名的三位音乐家——聂耳、冼星海、马思聪，最后都在国外去世。如今，冼星海、马思聪两位的纪念建筑都坐落在麓湖公园北侧。由此，真的很期望在白云山的某个地方，最好是在雕塑公园里，能够看到聂耳的塑像或者其他相关的纪念物。

离开马思聪塑像，信步前行约30米，我们就来到了植谊园。

植谊园，是1987年为纪念广东省与日本兵库县共建友好省县而建造的一座小型纪念园林。当年，宾主双方曾在园内草地共同种植中日友谊树，故称“植谊园”。

植谊园的右侧，有一个小型牌坊，上额是曾任广州市书法家协会主席的连登撰写的“鸿鹄山”三字。穿过牌坊，就是通往翠云亭和鸿鹄楼的山道。山道分为上行和下行两条不同的步道，均有400多级台阶。虽然攀登起来有点累，但这份辛苦还是值得付出的。

翠云亭，又叫“半山亭”，是登临鸿鹄楼之前需先抵达的一处休息亭。这是一座六柱双层的较大型凉亭。主亭的正面门柱上悬挂着一副对联：“翠阁临长空，纵目南天披锦绣；云涛舒广袖，同祈福地更繁荣。”主亭的另外三面，分别有两柱小翼亭相护，主亭因此显得更加雍容大气了。

翠云亭的顶端，是远眺鸿鹄楼的最佳位置，许多绿树簇拥的鸿鹄楼照片都是从此处拍摄的。这种遥相映衬的和谐组合，充分说明了当年景观设计人员设计之巧、用心之细。

鸿鹄楼是麓湖公园的重要景观之一，位于聚芳园后山的山顶。此山原名就叫“大鸿鹄山”，因此1987年建成的这座五层的中国古典式楼阁被命名为“鸿鹄楼”。由于主体建筑呈八角外形，与武汉的黄鹤楼有几分相似，因此，建造之初就号称“北有黄鹤，南有鸿鹄”，颇有援引江南名楼作为岭南知己之意；而依山望水的鸿鹄楼的营造，使得总体以水景为主的麓湖公园，带上了杭州西湖一般的、山水相融的美妙意境。因此，在某些视角里，鸿鹄楼又像西子湖畔的雷峰塔一样，格外引人注目。

鸿鹄楼占地面积158平方米，建筑面积548平方米，总高度达24.5米，是广东省内一座较大的古典式楼宇。就建筑高度而言，是中华人民共和国成立以来广州园林建筑之冠，故有“珠水云山第一楼”之称。站在鸿鹄楼顶层，可以360度环视广州市区的各种市容气象。由于所处位置更加贴近市区，这种环视的观感是非常独特的，即使站在更高的摩星岭上，感觉也未必有此处亲切。

鸿鹄楼门柱间，刻有一副由著名书法家卢有光撰文和书写的对联：“立雨立晴，麓湖鸿鹄成双璧；扬风扬月，珠水云山第一楼。”对联立意颇有气势，把鸿鹄楼的高峻、秀美和孤标、特立彰显得十分到位。

从鸿鹄楼下山，回到聚芳园大门东侧的小五羊塑像处，继续前行约30米，三岔路口的左侧就是以兰花为主的阴生植物园区——麓湖花园。

麓湖花园，依山傍水，植被丰茂，是岭南传统园林艺术与亚热带附生兰花（洋兰）资源相结合，打造出来的一个色彩鲜艳、花姿优美、境界飘逸的人工园林。一年四季，都有许多芳香沁脾的国兰和珍奇绚丽的洋兰在这里竞相含馨与吐艳，吸引着众多花卉爱好者前来参观、欣赏。

麓湖花园建设初期，曾被建设者精心打造成为包含“瀑布广场”“雨林寻芳”“缤纷花海”等三个不同功能的景区，分别展示出叠石理水、附生兰展览、地生兰展览，以及其他色彩丰富的阴生植物造景等的良好效果。衷心期望这一颇具特色的岭南花园能够长期保持建设初期的美好景象。

从麓湖花园往北前行约80米，就看到了广州云道的入口。

云道是一条比较舒适的、串联起广州城区内八大城市公园的人行步道，主体全长共计7.1千米。自北至南，贯通的区域和里程分别为：

白云山南门——麓湖公园凤鸣桥——麓湖公园聚芳园——雕
1300米　　1200米　　1300米
塑公园踏芳园——雕塑公园东门——花果山——越秀公园夕阳
1000米　　800米　　500米
红广场——越秀公园南门——中山纪念堂。
800米　　200米

云道于2020年5月1日正式建成开放。其命名，据说取意于“云端漫步，还绿之道”。说“云端漫步”，似有些夸饰。但其规划眼光之宏阔、建设规模之浩大、建筑艺术设计之精巧，却是实实在在地给人相当深刻的印象。

云道，除了连通广州市中心城区内原本因公路、铁道、山涧等阻碍而互相隔离的几座山丘景观和公园以外，还通过相对平坦的栈道连接，减少了跨沟过坎的艰辛和翻山越岭的难度，提高了行程的舒适感和安全性。所以，云道受到大多数人，尤其是中老年市民的喜爱。

云道全程，蜿蜒穿梭于绿树丛林之间，其沿途风光本就天然、幽静，再加上悬空式人行栈道的设计，使得游客们的旅游体验变得更加闲适逍遥、视野辽阔，如腾云驾雾般飘逸潇洒。每年秋、冬、春三季，云道上都有不少慕名而来的游客，尽情观赏着羊城八大城市公园及沿途的美景。只有盛夏时节，因为阳光实在太过强烈，人行栈道上的游客才相对少一些。

关于云道，还有一点比较令人震撼。那就是：从聚芳园入口，至雕塑公园踏芳园门；以及从雕塑公园东门，至越秀公园夕阳红广场出口，这两段合计长约2千米的悬空式人行栈道，全部都是用钢铁架构而成。这项宏大的工程，恰恰从一个侧面凸显了经过数十年建设之后，我国经济实力的强大。

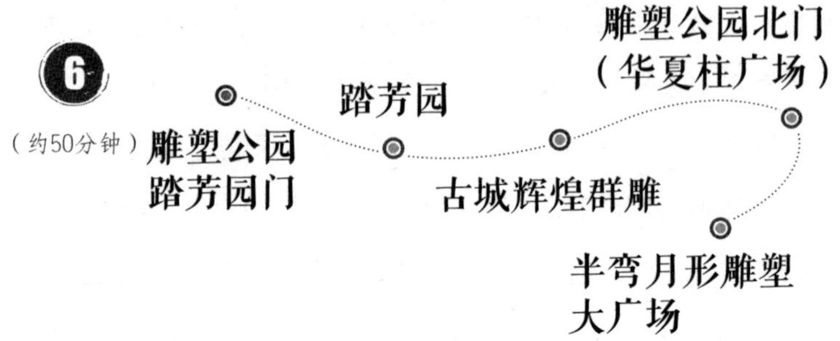

从云道聚芳园入口，往南前行约1.3千米，便进入了广州雕塑公园的踏芳园门岗。

广州雕塑公园，位于广州市下塘西路南侧，占地面积46万平方米，是全国最大的主题式公园；也是广州市目前唯一以雕塑艺术为主题的市民公园；还是广州市173座公园中，名列前十位的广州市文明公园之一。

因此，从“艺术云山”的角度认真审视这座特色鲜明的山外公园，对于我们加深对白云山的了解无疑有着很重要的意义。

雕塑公园，原为白云山的一个独立景区——飞鹅岭游览区。为庆祝广州建城2210周年（前214—1996），广州市政府投入巨资，将其打造成以雕塑艺术为主体，具有鲜明主题和丰富岭南文化内涵的市民文化公园、休闲公园。当时，整个园区的建设花费了三年多的时间（1995—1998）。

园区内，竖立了六座大型浮雕柱（五座华夏柱、一座百羊柱），三面大型浮雕墙（南州风采、雕塑馆外墙、抗“非典”纪念墙），以及140多尊优秀的雕塑艺术作品，汇聚了数十位岭南雕塑艺术大师的智慧结晶，可谓“南派雕塑”艺术成就的集中展示地。这样一座珍贵的艺术宝库，毫无疑问应该成为广州广大市民进行艺术审美、文史寻根、亲子艺术研学等的最佳打卡地。

雕塑公园共设四个园门。北门，为整个公园的正门；踏芳园门，为云道自北向南进入雕塑公园的入口；东门，为云道离开雕塑公园，前往花果山公园的出口；西门，则通过人行巷道连接飞鹅路。

我们沿云道从麓湖公园的聚芳园走过来。首先进入的，当然就是雕塑公园的踏芳园门岗了。

踏芳园，是雕塑公园的一个园中园，面积并不大，园林景致也没有与雕塑公园的其他园区完全分开。但园艺布置的匠心还是比较明显的：

园门跟前，数十棵新栽的珍贵苗木——降香黄檀（即闻名遐迩的海南黄花梨木），长势正旺；降香黄檀林前方，为一座四季繁花似锦的花架廊；花架廊西南侧路边，有10多棵俗称“黄金雨”的腊肠树已高大成林。腊肠树是泰国的国树，也非常适合在广州种植。每年七八月间，踏芳园的腊肠树花集中盛放时，满树金黄，让人赏心悦目。

花架廊西北侧，往上行走27级台阶，就可以抵达雕塑公园的核心景区之一——古城辉煌群雕。

古城辉煌群雕，位于雕塑公园正门内侧山坡的顶端，总体布局坐南朝北。这是一组由“首届广东省优秀中青年文艺家”、时任广州美术学院副院长的黎明等新一代雕塑家于1996年集体创作的群雕。

雕塑参照的素材，主要来自1983年出土的南越国第二代国王——文王赵眜墓的丰富文物。我们知道，南越国享国93年，先后经历了五位国王。但由于其与中原文明的阻隔，汉代史料中对其的记载实属寥寥无几。对于南越国93年的历史中，社会经济的具体状况、文明发展的真实程度，后代人的了解都是极其有限的。在这样的情况下，南越王墓的发现，无疑大大加深了我们对南越国历史的认识。

古城辉煌群雕，正是充分运用南越王墓最新出土的文物资料，用栩栩如生的群雕，带领我们回到了2200多年前的广州城，仿佛让我们目睹了岭南各族人民勤劳勇敢、聪颖智慧、团结协作，努力开发、建设岭南家园，促进了统一的多民族国家最终形成和发展的历史场景。

古城辉煌群雕，让2000多年前岭南文明的历史立体化、亲切化地呈现在现代游客和市民眼前，使我们对中华民族重要文化分支之一的岭南文明有了更加切身的认识和领悟。这是中华文化自信和岭南乡土文化自信的绝佳教材。这些既有真实历史依据，又有综合艺术提升的雕塑作品，对于曾经喧嚣一时的历史虚无主义和“西方文明中心说”，无异于斩钉截铁的驳斥。因此，这组群雕的思想价值和审美意义非常值得岭南地区教育主管部门和市民高度重视。

从古城辉煌群雕向西再向北，下行150级台阶，就到达了雕塑公园的北门广场。北门，既是雕塑公园的正门，同时也是中华文明史雕塑区——华夏柱广场的所在地。

华夏柱广场，是雕塑、喷泉交织的市民活动广场。其中的华夏柱雕塑创作于1996年，设计者是著名雕塑艺术家唐大禧。当年，还有一批年轻雕塑家担任了唐先生的雕塑助理，他们分别是陈亦均、唐颂武、王卫宁、钟志源、陆增康。华夏柱以五根花岗岩巨柱上镌刻的各种文字、符号、图案，浓缩表现了中华民族源远流长的灿烂文化，象征着华夏大地5000年来绵延不绝的辉煌文明。

五根巨型雕塑柱，在宽大的广场背景和一年四季苍翠绚烂的花草布置衬托之下，构成了一幅恢宏壮阔的画面。雕塑公园落成已经27年了，至今，每一位来到华夏柱广场的游客，仍然会被设计者们的豪放恣肆、挥斥方遒所震撼。面对这一极其庄严雄伟的场景，相信任何人都能够深深地体会到5000年华夏文明的凛然刚毅、坚不可摧，体会到新时代中华民族勇闯新征程的磅礴气概、宽广胸襟！

为什么庆祝广州建城2210周年的纪念性公园，它的大门口不是“岭南柱”“广州柱”，而是华夏柱呢？因为，岭南是中华的岭南，广州是华夏的广州！正是5000年华夏文明的深厚底蕴，才促成了岭南文明的灿烂辉煌；也正是中华大地不同文明区域的丰富多彩，才造就了岭南文明的鲜明个性。当然，五根华夏柱上，也有着不少岭南文化元素。

为什么华夏柱是五根巨型雕塑柱，而不是其他数量呢？原来，“五”代表华夏文明5000年的历史，也代表雕塑公园所纪念的主体——五羊城（建城2210周年）。当然，每一个熟悉中华文化的人，相信还会联想到中国古代朴素唯物主义的哲学范畴——金、木、水、火、土，即五行。

五根华夏柱，高10～18米不等，由35块，每块重约40吨的巨石叠砌而成。自左至右：第一根巨柱由八块巨石组成；第二根六块；第三根七块；第四根五块；第五根九块。如此参差错落的精心安排，使得这五根原本无声伫立的巨型雕塑，仿佛具有了叮咚作响的音符般的灵动感。

五根华夏柱上，共展示了90幅浮雕。每一幅都生动地呈现着中华文明悠久的文化渊源，儒、释、道等不同哲学思想的丰富多彩，以及中华文化在各个领域所取得的杰出成就。

华夏柱右侧，横卧着另一块重达50吨的花岗岩巨石，上刻“广州雕塑公园”字样。巨石左上角刻着五个意义均为“羊”的不同象形文字。此图案在华夏柱第一柱正面的第一幅浮雕上已经出现过，既传达出古代广州“五仙骑羊，授穗于广州百姓”的美丽传说，又代表着如意、吉祥、美好、财富等意蕴。右上角刻有甲骨文字“子子孙孙永宝用享”。右下方落款为一个圆印：“吉月昭登”。此四字的造型来自汉代瓦当，既言明雕塑公园落成于吉祥的月份，也寄寓着古老的广州城今后将更加吉庆、光明之意。

当初，建设雕塑公园华夏柱时，使用的所有石料以及公园大门左侧竖立的其他巨大花岗岩石料，全部来自潮汕地区的采石场，光是把这些巨大的石料长途颠簸运送到广州，就需要耗费很大的运输成本。因此，当年广州市政府为雕塑公园的建设所付出的经费是相当可观的。更遑论许多雕塑艺术家为公园建设付出的巨大心血了！

雕塑公园建成之初是收费的，通常每票10元。最贵的时候，门票卖到50元一张（2008年2—3月樱花节期间）。如今，免费享受着雕塑公园丰富艺术珍品和美丽风光的我们，还是要高度珍惜这一份难得的市民福利才好。

欣赏完华夏柱广场的雄伟雕塑后，回身来到广场后侧，登上十级台阶，便到达了雕塑公园的另一个大型雕塑艺术展示区——半弯月形雕塑大广场。

半弯月形雕塑大广场，是新中国成立以来广东省一些著名雕塑家的代表性雕塑作品的集体展示区。总共矗立着13尊优秀雕塑艺术作品。每一座雕像旁，都附有一段相关的解说词，解释作品的雕塑型材、作者、创作时间、艺术题旨等。

作为新中国成立以来广东省最具代表性的优秀雕塑艺术作品，半弯月形雕塑大广场里的这些雕塑，大多都能够做到形神兼备、生动活泼，每件作品的深刻含义都值得我们仔细品味。

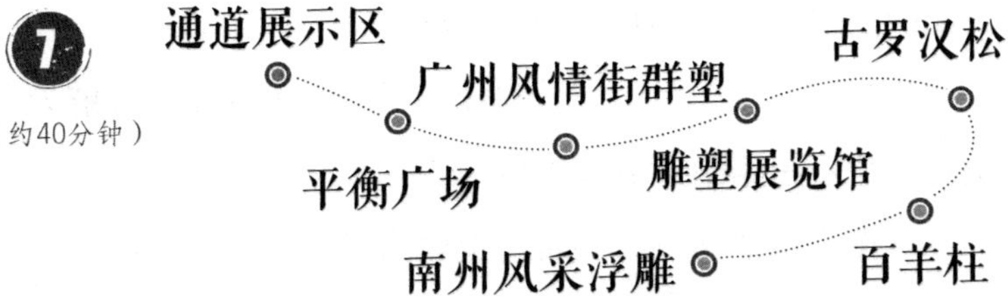

欣赏完半弯月形雕塑大广场的众多精美作品后，继续前行，就到达了一个由古城辉煌广场西侧、平衡广场北侧、半弯月形雕塑大广场南侧共同环绕而成的雕塑展示区。由于这个展示区并未有专门的命名，而它又正好处在半弯月形雕塑大广场通往平衡广场的通道之间，因此，我们姑且称其为“通道展示区”。

这个展示区里，共有各类雕塑11座：既有现代风格比较浓厚的《朋友》《清风》《惠安女》《微笑的马克思》等中青年雕塑家的作品，又有《向左走、向右走》《落雨大》《同一首歌》等民俗风格比较鲜明的作品，还有《走进千家万户》《鲁迅先生》《朝阳》等时代色彩比较浓厚的作品。

走完通道展示区后，我们就来到了雕塑公园又一颇具特色的艺术作品展示区——平衡广场。

平衡广场的雕塑群，共由13座雕塑作品组成，除了中心部位的《平衡》是表达万物平衡的自然环境保护主题以外，其余作品的内容都着力表现少年儿童天真烂漫、淳朴自然、奋发向上的精神状态。当然，儿童题材的雕塑本身也可以被理解为人类对美好未来的期待和对万物平衡的追求。

平衡广场的南侧，隔着一组题为《造屋》的现代风格雕像，我们便来到了另一个大型雕塑作品展示区——广州风情街群塑。

广州风情街群塑，是著名艺术家万兆泉的一组力作。作为一位生于西关、长于西关，从民间工艺美术氛围中成长起来的雕塑艺术家，万兆泉的创作总能巧妙地把民间工艺技法和现代雕塑艺术手段融合为一体，生动地展示了19世纪初期至今百余年间，南粤羊城最市井化的一角——“荔湾人家”的生活风貌。尤其是惟妙惟肖地表现了“荔湾人家”那里的众多街坊邻里，在衣、食、住、行、精神追求等方方面面的一个又一个细节，把我们带回了原汁原味的老广州民俗风情之中。

万兆泉的广州风情群塑，共有100多座，在广州沙面、上下九、陈家祠等地都可以看到，总体风格跟雕塑公园里的雕塑群都是比较一致的。如果能把这几处的雕塑结合起来理解，那么我们对近百年来广州市井风俗民情的了解将会更加深入。

雕塑公园内展示的广州风情街群塑共21座。每一座塑像都有由著名画家廖冰兄的儿子廖陵思撰写的“打油诗”相配合。雕塑与配诗都非常大众化。两者组合在一起，可谓相得益彰，带给我们许多亲切平易而又妙趣横生的艺术享受。

广州风情街群塑的每一座雕塑和配诗，都准确捕捉到了广州底层人家生活风情的丝丝细节，栩栩如生地表现了普通市民的心灵向往和诉求。这样的创作，真正走进了普通老百姓的日常生活中，缩短了生活与艺术之间的距离。这种创作风格是值得提倡、发扬的。欣赏着这组市井味十足的作品，相信每一位参观者都能重新谛听到往昔西关大屋的木屐声声，感受到西关街巷底层百姓晨兴暮宿、挑担叫卖的真实情景。

广州风情街群塑结束的地方，就是雕塑展览馆。

雕塑展览馆位于云液湖东北侧，总面积1637平方米，共设有三个大展厅，拥有较强的综合展出条件。馆内陈列着广州地区许多艺术家的优秀作品，是艺术界人士进行作品展览、学术交流和文化聚会的上佳场所，每隔一段时间都会开展一些艺术作品的展览交流活动。

2019年底开始，雕塑展览馆新挂了一块“广东横渠书院”的招牌，以我国北宋伟大的思想家、哲学家、教育家、关学的创始人张载（世称“横渠先生”）为号召，与广东省文史学会联合创办服务省内外文史专家学者的综合性、公益性学术交流平台——广东文史之家。广东横渠书院明确，每年都会定期举办文史名家讲坛、专题学术研讨和文史创作活动，以此为基础，努力弘扬中华优秀传统文化，促进国内外学术交流、合作活动的开展。

雕塑展览馆门前，有一棵树龄750多年的古罗汉松，胸径近一米。如此巨大、长寿的罗汉松树，应该是整个广州市区内唯一的一棵。树下有一面铭牌，称该树为“广州市荣誉市民张松先生捐赠”。据相关报道，张松是香港裕达隆有限公司执行董事长。这株罕见的数百年罗汉松，是张先生于1995年为庆祝广州建城2210周年而捐赠的。张先生慷慨捐赠这棵古树，显然是期望古罗汉松那种顽强的生命力和挺拔向上的奋斗精神，能够成为广州城市精神的一个重要组成部分。

现在，这株珍贵的古树已得到了雕塑公园和广州市名树古木保护组织的专门保护。

古罗汉松右侧，有一座“百羊”石雕柱。作者为梁明诚、黎明、李汉仪，作于1996年。

百羊柱，以岭南特有的红砂岩为石材进行创作。柱四面共雕刻着128个不同字体的“羊”字，整根柱子的造型也似“羊”的象形字。

羊，在中国传统文化里寓意非常丰富：

它是吉祥、如意的象征，“羊”谐音“祥”；美丽的象征，“羊大为美”；鲜美的象征，“鱼羊为鲜”；财富（货币）的象征。在以物易物的时代，人们往往会牵着一只羊到市场上去换取同等价值的物品。因此，羊事实上曾是人类历史上最早的货币形态之一。

“百羊柱”被竖立在此处，显然也是再一次强调，雕塑公园是庆祝五羊城（广州）建城2210周年的产物。

雕塑展览馆大门左侧，有一面红砂岩浮雕墙，雕塑内容多为汉唐时期的人物形象。据介绍，创作的主题是“反映中华民族的优秀文化历史，再一次展现伟大的民族精神”。雕塑馆外围的云液湖边，竖立着四座吴信坤的青铜雕塑作品；雕塑馆西侧，则分散竖立着其他五座不同风格的雕塑作品。

参观完雕塑展览馆西侧的五座雕像，再往西北方向前行100多米，便可以看到一幅长达百米的巨型粉红花岗岩浮雕——《南州风采浮雕》。

南州风采浮雕，是由广州美术学院师生集体创作的一幅艺术巨作，位于云液湖东面岩壁上，画面丰富、人物众多，生动地反映了2000多年来岭南地区经济、文明发展变化的历史。

从秦汉开始，直至唐宋时期，广州都是我国海上贸易最早的口岸，与东南亚、中东各国存在着广泛、频繁的贸易往来。千帆竞发，商贾云集，切实拉近了中国与世界的距离，促进了中国与世界各地的贸易联系与友好交往。

明清时期，岭南地区的对外经贸进一步发展，逐渐形成了“一口通商”的典型格局和十三行商贸模式，曾经深刻影响了全世界经济贸易的格局和发展。世界各地客商大规模涌入广州十三行的壮观景象，曾经持续百余年。

1957年起，每年春秋两季举行的中国进出口商品交易会，激发了岭南大地踊跃参与对外贸易的热情。以春交会、秋交会为窗口，广州又一次成为中国与世界各国友好交往和贸易发展的重要纽带，数十年来，一直呈现出一派欣欣向荣的景象。

南州风采浮雕的作者们以上述历史事实为基础，通过恢宏壮阔的雕塑艺术手段，将广州作为千年商贸之都的绝代风华惟妙惟肖地展现出来。这对于我们深入领会岭南文明的核心要义，了解广州城2210年来在经济、政治、文化等领域的璀璨辉煌是非常有帮助的。

南州风采浮雕，大体可分为五个部分：中间一部分，表现“五仙骑羊，授穗于广州百姓”的美丽传说；左边两部分，表现唐宋之前羊城文明的各种细节；右边两部分，则着重表现明清时代，尤其是近代以来，广州地区频繁的对外贸易与联络，展示出广州市越来越繁荣发达的景象。

8

（约80分钟）

抗“非典”纪念雕塑广场 — 唐大禧雕塑园 — 大草坪外围展示区 — 大草坪

南州风采浮雕的左侧，有一条不是很显眼的台阶山径。沿山径上行120级台阶，就回到了踏芳园门岗南面的山梁。沿着此山梁，继续往东行走约80米，即为抗“非典”纪念雕塑广场。

发生于20余年前春夏之际的抗击“非典”战斗，是一场典型的没有硝烟的战争。2003年新年伊始，“非典”疫情不期而至，其蔓延的速度和危害的程度，均大大超出了人们的想象。作为改革开放以来重要的经济大省，又是首先遭遇疫情的省份，广东面临着巨大的考验。在这种艰难的背景下，一大批共产党员、白衣战士挺身而出，站到了战斗的第一线，与“非典”病魔展开了一场“毁灭生命”与“保卫生命”之间的殊死搏斗。第一个牺牲的救护车司机范信德、第一个牺牲的护士长叶欣、第一个牺牲的ICU主任陈洪光、第一个牺牲的主任医师邓练贤，他们都是共产党员！

为宣传和纪念广州人民在抗击“非典”斗争中涌现出的抗“非典”英雄，2006年，广州市著名雕塑家潘鹤、唐大禧、梁明诚、俞畅、钟志源等，集体设计、创作、完成了抗“非典”

纪念雕塑广场的建设。具体负责这项工程的是广州美术学院、广州雕塑院等单位。

我们沿踏芳园门岗方向的山梁走过来，首先看到的就是范信德、邓练贤、叶欣、陈洪光四位烈士的半身塑像。塑像的作者分别是钟志源、许鸿飞、唐大禧、俞畅等著名雕塑家。其中，范、邓、陈三位烈士的塑像为青铜材质，叶欣烈士的塑像则为汉白玉材质。

从四烈士塑像再往前走，便看到了一面巨型纪念墙的背面。这里雕刻的是《广东省抗击非典型肺炎大事记》。而这面纪念墙的正面，则是一组画面非常丰富的浮雕。

浮雕墙的左右两侧，各有一座仿花岗岩的戴口罩头像，分别代表奋战在抗“非典”战斗第一线的医生和护士。

浮雕墙的主体共呈现了18幅画面，把抗“非典”斗争的各个细节都做了生动切实的呈现：从英勇烈士、医学专家、一线医生到护士、护工、医院外认真做好清洁卫生工作的普通民众，从基层工作者、省市干部到党和国家领导人，每一个人都勇敢地站立在关键的位置上，每一个人都发挥了集体主义精神。这，正是广东省能够赢得抗击“非典”斗争胜利的根本保证！

浮雕的右侧下方，统一署名的作者有潘鹤、梁明诚、唐大禧、黎明、俞畅、钟志源。

浮雕墙前面，抗“非典”纪念雕塑广场的正中心，是一座题为《保卫生命》的巨型雕塑。

这是一座由三棵18米高、抽象化表达的红棉巨树共同建构而成的火红巨雕：三株鲜红挺立的巨树，托举着无数同样鲜红的木棉花朵，象征着岭南人民在突如其来的灾难面前凛然屹立、同心协力、奋勇搏击，终于战胜病魔，保卫了无数鲜活生命的浩然壮举。同时，枝繁叶茂、花红干硕、生命力旺盛的红棉巨树，本身也象征着生命火焰的顽强不息，象征着英雄气概的顶天立地，象征着集体力量的无坚不摧！

《保卫生命》巨型雕塑的作者，同样也是上述负责浮雕墙创作的六位著名雕塑艺术家。

瞻仰完抗“非典”纪念雕塑广场的英雄雕像，我们往广场的东北方向望过去，就能看到一座占地宽阔、作品众多，颇为引人注目的雕塑艺术园。这里，就是岭南著名雕塑艺术家唐大禧的雕塑作品专园——唐大禧雕塑园。

唐大禧（1936—），广东澄海人。1958年在广州雕塑工作室任创作员，历任广州雕塑工作室主任、广州雕塑院院长。其代表作品《欧阳海》，我们已经在半弯月形雕塑大广场欣赏过；其担任总设计的《华夏柱》雕塑，也已经强烈震撼过我们的心灵；其雕塑的叶欣烈士半身像，我们则刚刚在抗“非典”纪念雕塑广场瞻仰过。

如今，来到了唐大禧的个人作品专园，我们当然应该更认真地感受他的深厚艺术功力了。

唐大禧雕塑园建于2009年，由广州市政府拨款建成。园名由著名国学大师饶宗颐亲笔题写。

除了题名，饶先生还专门为唐大禧撰写了一副对联："此日足可爱，他山堪切磋。"对联被镌刻在唐大禧雕塑园大门右侧的黄蜡石碑石上。唐大禧的书斋名为"他山石屋"，饶先生以"他山堪切磋"相称许，足见其对唐大禧艺术成就的评价之高。

《潮州日报》2011年11月27日的《以灵魂雕塑岁月》一文介绍：为唐大禧雕塑园题名和撰写对联时，饶宗颐和唐大禧还从未谋面。直到两年以后，唐大禧受命为潮州金山中学雕塑饶宗颐全身铜像时，他才第一次前往香港拜见饶先生。

唐大禧雕塑园里，共竖立着唐先生的优秀雕塑作品30尊。这些艺术作品的丰富多彩，在一定程度上代表了"南派雕塑艺术"所达到的艺术高度，代表了广东雕塑人丰硕成果的一个重要方面。因此，广州市政府决定投入巨资建设这座唐大禧雕塑园。对于广大市民、游客来说，深入涵泳、体味这一尊尊优秀的雕塑艺术作品，无疑能带来无穷的艺术营养和精神享受。

参观完唐大禧雕塑园，沿东南方向下行58级台阶，再向东前行约180米，就到达了雕塑公园的最后一个大型展示区——大草坪。

雕塑公园的大草坪，面积近万平方米。碧绿的草色与湛蓝的天空相伴，太适合大型雕塑作品的展示了。因此，雕塑公园的管理者们悉心地在草坪的外围和内部分别布置了一批雕塑作品。草坪的外围目前共有8座雕塑，草坪的内部则有13座雕塑。

大草坪内外的这20多座雕塑，主题纷繁，艺术手法多样，各呈异彩，共同构成了雕塑公园艺术盛宴的又一个高潮，让人目不暇接。在恢宏壮阔的园林造景艺术恰到好处的衬托下，这些雕塑作品的艺术特性得到了更加鲜明的表达。

参观完大草坪之后，整个雕塑公园的多数雕塑艺术作品，我们便基本算浏览过一遍了。但由于篇幅所限，这里并没有对公园里每一尊具体的雕塑艺术作品进行详细介绍，难免让大家有些蜻蜓点水的感觉。我们正在筹划出版另一部书——《广州雕塑公园艺术作品巡礼》，如能顺利付梓，相信就能讲述得更为详尽。敬祈各位方家支持！

雕塑，素有“凝固之舞蹈”“立体之诗”的美誉。正如《广州雕塑公园志》所云：“雕塑公园乃文化艺术之园，亦为旅游观光之景。既融合古代造园与雕塑艺术于一体，又寄寓精神文明于青山绿水之间。它飨人以美，予人以智，功于当代，利在千秋。”

我们认为，还应该特别强调的是，广州雕塑公园特别注重岭南优秀传统文化的继承和发扬，以精妙的雕塑艺术手段浓缩了广州城2000多年的文化与辉煌。这样的主题公园，当然值得我们深深沉醉和悉心观赏了。

参观完雕塑公园后，今天的“艺术云山”之旅也终于告一段落了。音乐、餐饮、园林、美术、建筑、雕塑——岭南特色文化艺术的多样性和丰硕成果，在“艺术云山”行程中得到了相当充分的体现。今天我们确实是收获满满。

白云山，再一次生动展现了它“千年南粤，无尽云山”之无穷魅力，尽显岭南文化艺术的丰富性与特色美！

（本线路总耗时约八小时）

第五天

休闲云山

休闲，是人类生存状态的一个重要组成部分。人不可能永远处在劳碌、紧张的精神状态之中，过分紧绷的精神状态很容易使一个人崩溃。因此，从古至今，人们都会努力寻求合理的休闲方式，放松自己的神经，调节自己的精神状态，从而获得最佳的生存体验和享受。

那么，什么样的休闲方式才是最合理的呢？

我们不妨来看看“休”“闲”两个汉字的结构：人倚木，为休；门内植树，为闲。显然，这里表达的是两个不同的向度。“人倚木”，是人主动向大自然寻求依靠；而“门内植树”呢，则是人对门外世界的一定程度的区隔。我在门内种上树，就是不想让外界的事物太随意地进到我的门里面来。当然，门内植树，也可以理解为直接把大自然搬进家里面去。其意义依然是对门外世界的一定程度的疏离。

总而言之，我们从这两个汉字的结构可以看出，真正意义上的休闲，就应该紧密依靠大自然，就应该适度远离过于喧嚣的滚滚红尘。

从上述对“休闲”二字的解读，我们再环顾广州这座城市的现实：对于许多日常工作和生活压力大的广州市民朋友来说，最好的休闲场所当然莫过于既辽阔又特别生态、自然的白云山了。

也许你会说：“我想到可可西里去，我想到新疆、西藏去，我想到九寨沟、张家界、长白山去。那些地方更加自然，更加宁静，更加远离尘嚣；肯定也更加适合我们放松神经，卸下精神包袱。”没错，要论自然、宁静、远离尘嚣，那些地方确实都比白云山更强。

可是，对于大多数广州市民来说，能够真正亲近自然，而又适度远离喧嚣红尘，最佳的选择还是莫过于白云山！

无尽云山，有着各种不同的游赏线路。说起休闲之旅，那么偌大的白云山，何处才是最适合休闲的所在呢？

请别急，今天我们就带领大家来一场优哉游哉的白云山休闲之旅。

❶ 云溪生态公园大门

（约110分钟）

云溪生态公园大门 — 叠水园 — 果香园 — 观荷园 — 大红花园

白云山休闲之旅，自然就要找到一条游客相对较少，同时又更加天然、更加生态的旅游线路了。这条旅游线路，最合理的应该是从哪里开始呢？

当然，要从云溪生态公园开始啦！

云溪生态公园，位于白云山西侧，又称“白云山荷依岭游览区”，是白云山规划的由南至北全长8.5千米的西侧绿化休闲带主要景观之一。公园建成于2001年9月，占地30万平方米，规模接近3个云台花园。因此，有些人认为，这里可是当年整个广州市最大的免费公园了！这么说来，如果我们从来都没有认真欣赏过白云山这个规模宏大又绿色生态的免费公园的话，那实在是有点儿浪费这一美妙的福利。

云溪生态公园的大门基本上正对着曾经作为第九届全国运动会闭幕式主会场的广州体育馆。这是偶然吗？还真不是！

当年，云溪生态公园的建成开放，其实就是第九届全国运动会体育场馆建设的配套工程之一，是为了方便全国各地的体育健儿在紧张激烈的竞赛之余，有一处可供休闲、放松的良好场所。第九届全运会之后，广州体育馆成为广州市民日常运动、锻炼的好去处；相应地，云溪生态公园便成为市民休闲、游赏的上好选择。

按规划，云溪生态公园分为叠水园、果香园和观荷园三个园区。但观荷园里还有一个相对独立的园中园——非常具有岭南特色的大红花园。因此，游赏云溪生态公园，一定要把这四个景点都看全。

从云溪生态公园大门进去，我们首先看到的就是叠水园。

叠水园，位于云溪生态公园的中心地段，也是主景区的所在。左边是观荷园景区，右边是果香园景区。叠水园是一座巧妙地依凭自然山涧地形，精心打造出来的亲水游赏景区：

沿白云山主体蜿蜒而来的山溪（云溪）和洼地，在叠水园内由高至低被精心规划成数个或大或小的水塘；一块块突兀而立的山石，或在各个水塘之间恰到好处地形成分隔线，或在水塘边的草地上自成景观；一丛丛美人蕉、翠竹、蒲草等，在山涧两旁的水洼和山谷里自由自在地生长着。加上岭南长夏无冬的气候特色，常年蜂飞蝶舞、鸟鸣蝉唱，自然纯净的美景，实在让人不忍移步。

远观叠水园，最引人注目的是一座褐红色的小石桥。桥的上侧是一个较大的水塘，下侧则是两个较小的水塘。三个水塘，总体上都是天然形成的。设计人员只是依据自然的原貌，进行了一些必要的疏浚；然后，在大、小水塘之间筑起一座造型美观、色彩鲜艳的小桥；最后，又在水塘中分别布置了几块赭黄色的山石进行简单的装点。于是，整个景区马上就呈现出“天然中点缀着人工，人工中蕴含着天然”的和谐景象了。

水塘两岸，一年四季都花团锦簇，绿草如茵。这说明公园的日常管理十分细致、到位。因为这里的三个天然水塘是自上而下形成三叠状态的，所以三叠水之上的小桥被称为“三叠桥”。褐红色的桥体与苍翠的周边环境互相映衬，呈现出红桥、碧水、白云、绿树相映成趣的一派如诗如画的美好景象。对于“生态公园”，最要紧的当然是对自然环境既巧妙利用，又悉心呵护了。

沿叠水园右侧往东前行10余分钟，就到达果香园的主景观了。

果香园，是在原广州市果树科学研究所“实验果木种植园”旧址的基础上，补植了一些新的果树而建成的观赏型果木园林。一年到头，都可以自由自在地穿行在各种果树林里，看着它们开花，看着它们挂果，看着它们成熟，看着它们被采摘，最终成为人们口中的美味佳果。这种美妙的感觉，在整座白云山上，也只有在果香园里才能够找到。

岭南热带和亚热带特有的荔枝、龙眼、芒果、杨桃、黄皮、香蕉、番石榴、柚子等佳果，在果香园里是主角。由于前身是专业的实验果木种植园，这里的水果品种都格外优良，即使是同一种佳果，它的品类仍很多。比如，同是荔枝，就有糯米糍、妃子笑、桂味、黑叶、仙进奉等不同的品类。它们的口感和成熟期各不相同。

如果刚好到了果熟时节，果色斑斓，果香扑鼻，来到果香园里就很难保证你能够做到不垂涎欲滴。幸好，每当这个时候，果香园外都会有一些果农在摆卖自家出产的水果。因为是刚从树上摘下来的水果，肯定不会使用保鲜剂、催熟剂等令人望而生畏的东西，所以建议大家可以适当买一些来品尝品尝。不过，岭南佳果的成熟期往往集中在暑热的夏季，想尝鲜的游客们一定要算准季节，以免扑空。

果香园前面有一座建筑叫静心台，是供游客们遮阴休憩的地方。休息完，我们就可以转回果香园对面的游览主道，兜到叠水园北侧的沿山道路上，并继续前行到观荷园了。这一段路程需要行走700多米。沿途当然也是比较悠闲、惬意的。

观荷园，是广州市民每年观赏荷花的著名打卡地之一。园内荷塘的面积虽然不算很大，但因其种植了20多个珍稀品种的各色荷花，每年都吸引不少“懂门道”的观荷迷。

荷花，俗称莲花，在我国分布极广。至今，我国除青海和西藏的部分地区外，各地均有分布。在文化上，荷花因其“出淤泥而不染，濯清涟而不妖”的美好品格，在中国历代文人墨客口中素有“花中君子”的美誉。因此，荷花颇受国人的热情追捧。

中国是荷花的故乡：在距今五千多年前的仰韶文化遗址中，就发现了两粒莲子；在两三千年前的《诗经》中，又有了“彼泽之陂，有蒲与荷”“山有扶苏，隰有荷华”等著名诗句；受《诗经》的深刻影响，数千年来中国历朝历代的文人雅士，更是与莲花结下了不解之缘，写下了《爱莲说》等许多千古传诵的诗文名篇。

描写荷花最为有名的诗句之一，当数南宋著名诗人杨万里的“接天莲叶无穷碧，映日荷花别样红”。观荷园中的“映日廊”，正是取自这两句诗的美好意境。

观荷园以荷花为主要观赏对象，但并不意味着观荷园里只有荷花这一种可供人们愉快观赏的植物。观荷园的西侧，种有不少翠芦莉和金凤花，这些都是一年四季花期特别长的观赏植物；观荷园的外围，还有一些腊肠树、黄槿等高大乔木，共同构成观荷园高低错落的园艺景观。

当然，到了观荷园，最不应该错过的景观，还是要数园艺工人们精心打理出来的、最具岭南特色的景观——大红花园。

大红花，学名叫朱槿，又名扶桑花、佛桑花、福桑花。明代李时珍的《本草纲目·木三·扶桑》载：“扶桑产南方，乃木槿别种。其枝柯柔弱，叶深绿，微涩如桑。其花有红、黄、白三色，红者尤贵，呼为朱槿。”由于花色多为红色，所以广州人俗称其为“大红花”。

朱槿是热带和亚热带独有的植物，不太适合更往北的生长环境。因此，古人把它当作岭南花卉的代表性品种之一。唐代著名诗人李绅、李商隐等曾被贬至岭南，因此都留下了描写朱槿的诗歌。

古代，白云山上就已经有很多朱槿花。本书“健康云山”一章，曾引用过白玉蟾在白云山上写的《次韵东坡蒲涧寺二首》一诗。其首句便是“满山红白福桑花”。福桑花，正是朱槿、扶桑的别称。如今，云溪生态公园非常用心地打造出了一座引人瞩目的大红花园。这件善举很好地传承、对接了白云山深厚久远的文化传统，对现代游客“发思古之幽情”有着很大的好处。关键是，在大红花园的相关介绍里，我们一定要把白玉蟾的《次韵东坡蒲涧寺二首》彰显出来，最好能够把李绅、李商隐等咏朱槿花的诗歌也都呈现出来。这才是“千年南粤，无尽云山”最准确、最生动、最细致、最彰显岭南特色的写照呀。

云溪生态公园大红花园内种植的大红花多达32个品种。在这里，你不仅可以看到红色、黄色、白色等传统颜色的大红花，还可以看到粉色、橙色、粉白相间等各色各样的大红花。对于特别关注岭南特色花卉的热心游客来说，到大红花园欣赏大红花，会感觉非常特别，也非常亲切。

朱槿的花期本来就很长，几乎长达300天。由于品种众多，大红花园里的朱槿花更是一年四季都在交替开放。因此，任何时候你来到云溪生态公园，都可以看到朱槿花沐浴着岭南亚热带的阳光灿烂盛放，都可以感受到岭南四季如春的独特景象。

由于是热带、亚热带独有的花卉，朱槿深受南方人的青睐。马来西亚将其奉为国花，认为热情如火的朱槿花代表着勇敢、强大的生命力和快速繁衍的能力，象征着自己国家与国民生生不息的奋斗和成长精神。基于大体相同的理由，我国的广西南宁市、广东茂名市也都把它选为市花。大红花园在介绍朱槿花时，建议可以强调一下它的这些尊贵地位，以唤起游客们对它的进一步敬重。

2

摩云路门岗 — 牛岭绿道 — 牛岭 — 钟轼墓

（约70分钟）

离开大红花园后，仅需沿山脚往西北方向行走约380米，我们就来到了位于云溪生态公园西北侧的白云山摩云路门岗。

摩云路门岗，是白云山17个门岗中相对较少为人们所知晓的门岗之一。但它所连通的云溪生态公园、摩云路、牛岭绿道三个景点，却是白云山极具特色的重要游赏胜地。

云溪生态公园，我们刚刚领略完毕，自不必多说。摩云路，则是整座白云山最具挑战性的一段山道：全长2889米，共需攀登1700多级台阶，才能抵达摩星岭脚下的云天北路。如果要紧接着攀登摩星岭的话，则还需要再上406级台阶，才能从摩星岭西门攀登上摩星岭的峰顶。这种挑战强度，在整座白云山上确实是独一无二的。最适合身强体壮、青春热血无处安放的年轻人到此发挥自己无穷无尽的青春能量。

而牛岭绿道呢，则以山幽、林绿、水清、气爽著称，吸引着许多白云山的“铁粉”屡行不厌，乐此不疲。

今天，我们正在畅游的是“休闲云山”之旅，当然不会去挑战令多数登山者望而生畏的摩云路了。我们将选择走的，正是以“山幽、林绿、水清、气爽”为特色的牛岭绿道。

牛岭绿道，全长约2.2千米，为白云山摩云路门岗至西门牛岭草坪之间的一段人行绿道。这段绿道，通常游客不算太多，山道蜿蜒曲折，绿荫深浓，清幽静谧；虽然能见到泉水的地方并不太多，但只要见到，必定是清澈欢快的山间曲涧，让人无限惊喜；空气中的负离子含量更是充足；再加上绿道两旁还有近2000株木棉组成的景观林，以及健身平台、休息亭等各种完善的设施。因此，这里被网友们赞誉为广深两地的“最佳人气绿道”。

行走山野，最大的快乐，莫过于享受“花草暗香浮山径，溪山爽气入衣襟”了。行走于白云山最天然、最美妙的牛岭绿道，我们能够获得的快乐与享受，又何尝不是如此呢？

牛岭绿道的尽头，就是白云山西门的牛岭。

牛岭，现在呈现为我们非常熟悉的白云山西门牛岭大草坪。这座占地面积达四万多平方米的大草坪，在古代是比较荒芜的地方，也是附近村民经常放牛的所在，所以被称为“牛岭”（也有说法，牛岭的形状很像牛的大髀，因此叫“牛髀岭”或“牛岭”）。按照古人的观念，此处风水颇好。因此，从前这里有许多墓葬。

其中，最有名的墓葬是2002年7月被公布为第六批广州市文物保护单位之一的北宋钟轼墓。

钟轼，是岭南文化史和广州城市发展史上一个不应该被遗忘的重要历史人物。他本是河南开封唐宋时期著名望族——“钟姓”的后代。北宋开宝元年（968）高中武状元，970年被封为防御使。随后，奉命作为南征当时割据岭南的南汉政权的先锋官，带领5000名先锋兵，一路上逢山开路，遇水搭桥，浩浩荡荡，杀奔岭南而来。经过一年多的恶战，971年，南汉后主刘鋹投降，南汉灭亡。

此战先后平定了广东、广西、福建、云南和今属越南的部分州县，共60个州、240个县。从此，岭南的政治格局得以彻底定型，中原中央政府对岭南的管辖进一步细致化、规范化。

南征结束后，钟轼官升二品朝议资政大夫，并任广东防御使，被南征军主帅、钟轼的岳父潘美命令留守在岭南。其后，钟轼与妻子潘三姐一起定居于番禺慕德里司马村堡龙腾里（今从化屈洞）。现在，广州从化区，天河区的珠村、棠下村以及黄埔区萝岗的许多钟姓族人，都是钟轼的后人。

从白云山西门进山，沿牛岭草坪南侧入口往东南方向前行约60米，有一条不太显眼的小土路。沿这条小土路进入山脚密林，20多米后便可看到一组大型砖石结构的传统山手椅形制墓冢。这就是北宋名将钟轼家族的墓葬群。墓冢坐南朝北，面向现在的牛岭草坪。如果不是山脚林木已经非常茂密，此处的视野是比较开阔的。

钟轼家族墓葬群一联四穴。自西向东，第一穴为钟氏第三世钟维新夫妇墓；第二穴，碑铭为“大宋防御使钟十二翁之墓”，这就是钟轼的陵墓；第三穴为钟氏第二世钟维基夫妇墓；第四穴为第三世钟维章夫妇墓。

我们现在看到的钟轼家族墓葬群的基本形制，是钟氏族人于清道光二十三年（1843）所立。

而历史上最早的钟轼墓建于北宋。因钟轼是宋真宗的连襟（钟轼的妻子为潘美第三女，宋真宗赵恒的妻子为潘美第八女），因此，原墓葬规格很高。直到道光年间重修的墓葬，仍然规模宏大，石料上乘。墓前有石人、石马、石狮、华表、旗杆石夹以及众多碑刻等。然而，将近200年后的今天，石人石马等都已湮没。1986年，钟轼后人再次对墓葬进行修葺，故成为现今的砖石水泥结构。

白云山上的钟轼墓，不应该简单地被认为只是钟氏族人的先祖坟茔。因为，钟轼是历史上实现国家统一的有功之人。

自从潘美大军平定并统一岭南之后，岭南再也没有出现过长期与中原政权分裂的局面。这在中华民族融合发展的历史进程中，意义是非常重大的。而钟轼在这一重大历史事件中扮演的角色有目共睹。对于这样一位重要历史人物，既然他的陵墓位于白云山上，我们就要用好这个文化资源，使之成为祖国统一、民族富强的活教材。

我们说“半部岭南文化史，都要从白云山讲起”，就是要善于把白云山上这些重要的文化底蕴都发掘出来，彰显出去。

进一步来说，我们知道白云山早就已经成为广州市最重要的“爱国主义教育基地”之一了。表彰、歌颂曾经为国家统一建功立业的历史人物钟轼，是白云山爱国主义教育课目的题中应有之义。因此，我们想，若能在牛岭草坪比较显眼的位置设置钟轼陵墓所在地的指示牌，并尽可能设置介绍钟轼为统一国家所做贡献的简介栏，便是极好的。包括广州碑林入口处的“白云山历史人物浮雕”墙，如果能够修整的话，其实都应该把钟轼的形象放上去。

3 黄婆洞水库

（约40分钟）

黄婆洞水库 → 水库大坝休闲垂钓区 → 落羽杉林

拜谒完爱国将领钟轼的陵墓后，沿云山北路往东继续前行约2.1千米，左侧就是碧波荡漾的黄婆洞水库了。

黄婆洞水库建于1956年，是白云山范围内第二大水库。与第一大水库麓湖水库主要用于防洪不同，黄婆洞水库当年修建的目的主要是解决山下农民的生产和生活用水困难。

黄婆洞水库的建造过程与麓湖水库的建造过程一样，广州市委、市政府号召市属机关职工积极参加周末义务劳动，共同为水库建造贡献自己的力量。因此，那两年每到周末，平日寂静的黄婆洞就会变得热闹非凡。建设者们激昂的号子、忙碌的身影、挥洒的汗水，共同绘就了黄婆洞水库今日的画卷。

随着黄婆洞下游村庄的逐渐城市化，原来的村民也已经转变为不再耕田的普通市民，并且都统一用上自来水了。因此，现在的黄婆洞水库早已经转变为白云山最重要的休闲景区之一。

一年四季，站在云天北路或云山北路的一些合适路段，俯瞰波光粼粼的黄婆洞水库，是一件令人赏心悦目的事情。

如果能站上龙虎岗峰顶，远眺黄婆洞水库，会发现水库就像一轮蓝宝石制成的弯月，镶嵌在绿油油的白云山脚，使人像发现世外桃源一般，心驰神往。

每天傍晚，站在孖髻岭上西望，欣赏漫天晚霞之下黄婆洞水库天光云影共徘徊的壮阔美景，心胸也为之开阔。

而像我们今天这样，亲自踏上黄婆洞水库的大堤，漫步湖边绿道，亲近碧绿的湖水，感受柔和的湖风，再举目三面环山的湖滨那苍翠欲滴的绿化密林，呼吸负离子爆表的新鲜空气，心中当然又是另一番惬意的享受了。

面对着如此震撼人心的黄婆洞水库美景，今天的我们，真的要非常感激前辈们为我们创造的这一份珍贵遗产。正是他们那一代人的努力建设，才有了我们这一代人的快乐享受。

黄婆洞水库的命名，与元代著名女棉纺织技术改良家黄道婆有着非常密切的联系。传说，从海南岛返回大陆后的黄道婆，曾经在白云山脚的黄婆洞地区生活过，并在此纳徒授技，传播先进的棉纺织技术。

黄道婆（1245？—1330？），是多数中国人都非常熟悉的历史人物。关于她的生平经历，我们就不再赘述了。在这里，我们希望跟大家一起思考清楚的，是下面三个问题：

一、关于黄道婆向黎族妇女学习棉纺织技术

众所周知，黎族在宋元时期，总体还处在刀耕火种的半开化状态。为什么总体文明程度并不非常高的黎族妇女，在棉纺织技术上却能够领先江南地区的松江（今上海）乃至全国那么多呢？

从全球棉花种植和棉纺织技术产生、发展的进程来观察，这个问题才能够得出合理的结论：纵观全球，棉花的原产地是印度和阿拉伯地区。在棉花种植技术传入中国之前，中国只有可以用来充填枕褥的木棉，而没有纤维更坚实、经得起机械纺织的草本棉花。草本棉花大概在南北朝时期已经传入中国的边疆地区，直到宋末元初，才在各地得到大规模种植。在棉花大规模种植之前，发明棉纺织技术是不可能的。

粗看起来，文明发展相对落后的海南岛黎族老百姓，却独立发展出了比较先进的棉纺织技术，这是不可思议的事情。但了解了整个海南岛，以及黎族同胞与世界棉纺织技术产生、发展、传播进程中的独特关联，这个问题就可以迎刃而解了。

原来，古代沿海岸线航行的阿拉伯人和印度人，通常都会在海南岛登岸停留，补充海上生活用品。正是他们，把发明于阿拉伯和印度的早期棉纺织技术传播到海南岛，并逐渐传播到岛内黎族老百姓中。

这就合理解释了为什么黄道婆能够从黎族妇女那里学到比较先进的棉纺织技术。

二、关于黄道婆对棉纺织技术的改进

黄道婆从黎族老百姓手里学到比较先进的棉纺织技术以

后，凭借自己的勤勉和聪慧，对棉纺织机具和操作技术都做出了相当程度的改良，这才是黄道婆对世界棉纺织技术作出的最大贡献，这一观点已经得到学术界的认可。

说到这里，我们就必须先讲清楚棉纺织技术在世界文明进程中的极其重要的地位了。

不知道大家有没有注意到，在棉纺织技术被发明和广泛推广之前，大多数人为了解决穿衣问题，每年要花费将近一半的精力。

因为，在棉花被发现可以纺成纱并用于织布之前，人类所有的布料无非都是用“丝”和“麻”这两个大类的原料织成。（当然，也有一些毛织品，但局限性更大。）

丝，虽然用来织成绸布非常方便，但种桑、养蚕、缫丝等一系列烦琐的程序，需要付出的劳动力成本却是巨大的。因此，绸布的产量不可能太高，通常只有富贵人家才能穿得起丝绸衣物。而麻呢，一方面，种一棵高大的麻秆，只有一点点麻皮能用来提取麻线，因此产量也不可能太高。另一方面，沤麻取麻线，也是一件极其繁重和低效率的劳动任务。

因此，中古之前的老百姓，除了用将近一半的劳作精力种植粮食，保证不饿肚子以外，每年另外将近一半的精力，便都要用于种桑植麻，以保证能够取得足够的丝、线，织成绸布或麻布，然后才能用来裁剪衣物。

我们所熟悉的孟浩然的诗句“开轩面场圃，把酒话桑麻”

（《过故人庄》），其实正是在高度概括地告诉我们：中古时代之前，普通老百姓的日常劳作中，有将近一半的精力是用于种植粮食和蔬菜（场，晒谷子的地方；圃，种蔬菜的地方），以便实现“饱”的目标；而另一半精力，则必须用于种桑植麻，以便实现“暖”的目标。

上述从上古到中古时代始终保持的高度依赖桑、麻种植的传统生活模式，到宋末元初发生了很大的改变。这是因为人类已经掌握了用棉花纺纱线，然后用纱线织布裁衣的技术。这就很大程度上减轻了人类日常劳作的强度。因为相较于桑麻，棉花更加容易种植，产量更高，劳作环节也相对较少。如果能够通过对棉纺织机械的改良，进一步提高纺纱织布工作的效率，那么人类的劳动力将得到极大的解放。

而黄道婆对于棉纺织技术的贡献，恰恰就体现在这里。

确实，世界上最早的棉纺织技术并不是黄道婆发明的。但黄道婆正是在前人发明早期棉纺织技术的基础上，通过自己的努力，改进了棉纺织工具，减轻了劳动强度，优化了操作程序，从而大大提升了棉纺织产业的工作效率，保证了棉纺织产品的优良品质。这在人类文明发展史上的贡献是巨大的。我们必须充分加以肯定。

关于黄道婆改进和提升棉纺织技术的细节，历史上有对机具改良、优化操作程序，以及织布过程中的“错纱、配色、综线、挈花”等多方面的记载，因为比较专业，这里没办法给各位读者做很具体的介绍。有兴趣的朋友，可以找相关的科研文章看看。

三、黄道婆是历史，不是空泛的传说，更不是虚无缥缈的神话

黄道婆是历史上真实存在过的一个技术奇人。尽管封建时代的正统史书中不可能对她有更多具体的记载，但她的存在，在各种零散的史料中还是可以得到认定的。因此，我们今天讲述黄道婆，就不能把她过于传说化、故事化，更不应该把她虚无缥缈地神化。

黄道婆到底有没有在黄婆洞地区生活过，这一点还需要通过认真爬梳史料加以明确。即使没有更多的史料可以证明黄道婆真的在白云山脚生活过，就算我们只能维持黄道婆在白云山的“传说”这样一个局面，我们也不能胡乱编造，给这个传说添加各种荒诞不经的情节。

比如，有文章说：黄道婆在黄婆洞传授棉纺织技术的行动感动了龙王，于是龙王送了一颗明珠给黄道婆。黄道婆又将明珠转送给了自己最得意的徒弟明珠女。明珠女把明珠贴在额头，就飞升上天为玉皇大帝纺织去了……这种毫无来由的胡编乱造，不仅无助于我们对黄道婆历史贡献的准确认识，而且还在事实上冲淡了中华民族在世界科技发展史上的贡献。对于这种低级的胡编乱造，我们必须清醒并予以抵制。

从当年最常规的交通线路来看，黄道婆从海南返回故乡松江的过程中，途经广州并停留，是很有可能的。并且，自从黄道婆返回故乡之后，先进的棉纺织技术便迅速在中国各地传播开来。这说明，黄道婆并不是等回到家乡之后才慢条斯理地开始传播先进的棉纺织技术的，而是在返乡路上就尽心尽力地传播。

既然如此，黄道婆在返乡沿途就收徒授技，包括在白云山脚下的黄婆洞，曾经培养出“高徒”明珠女，也是很有可能的。

既改良，又传播，黄道婆对于全球棉纺织技术提升的巨大贡献，是客观存在的，也是非常值得每一个中国人自豪的！从文化自信的角度来讨论黄道婆，讨论中国人对于全球棉纺织技术的改进、提升、传播之功，我们就要努力摒弃各种过分神化、虚无缥缈化的倾向。只有踏踏实实地讲好“中国黄道婆”的故事，讲好“白云山黄道婆”的故事，才能真正激发起黄婆洞游客们，尤其是年轻一代游客对中华民族文化自信的热情。从这个意义上说，对于黄道婆形象和明珠女形象的宣传，我们都还有很多工作需要认真去做深、做细、做好。

观赏完黄婆洞水库的美景，了解了黄婆洞地名与中华名妪黄道婆之间的联系之后，从“休闲云山”的角度出发，我们还应该关注黄婆洞水库大坝东侧曾经存在过的休闲垂钓区。

黄婆洞水库大坝东侧曾经持续运营很长时间的休闲垂钓区，是由白云区黄石街江夏村和陈田村共同管理的、公开对外经营的休闲垂钓平台。其环境之优美、水域之宽广、渔获之丰盛、钓友之踊跃，长期以来一直为广州地区的“钓族”口耳相传。

这里的鱼种主要是罗非鱼、鲮鱼、草鱼和大头鱼等，钓友们可以各取所需，各觅所爱。一些熟练的高手，下竿即能有所收获。时不时有幸运者钓上来五六斤重的大罗非鱼和十几斤重的草鱼，令邻位的钓客和热情的围观者们啧啧称奇、垂涎欲滴。垂钓的乐趣，在此展露无遗。

跟许多钓鱼场所一样，每到傍晚，鱼儿最容易上钩的时候，水库大坝休闲垂钓区里，围观的人往往比垂钓的人多得多。钓友们只好互相提醒：甩钩的时候千万要小心！可别钩到围观人群了。

如今，在黄婆洞水库大坝再一次修缮完成之后，水库管理方已经停止了水库垂钓项目的运营，转而严格禁止在水库垂钓。这实在是一件十分令人遗憾的事情。许多钓友都感慨万千：整个广州市区最令钓友喜爱的垂钓场所，就这样被关停了；大批以垂钓为重要休闲方式的钓友，失去了自己最心爱的垂钓平台；白云山的休闲、旅游项目，也缺失了很重要的一环。

黄婆洞水库大坝对面和左右两侧都是茂密的森林。当初，众钓友一年四季垂钓之余，偶尔举目，无论是山花的烂漫，还是山禽的旋舞，都能让人心旷神怡、尘虑顿消。每年的12月至来年的2月，水库西侧和北侧的大片落羽杉林逐渐变得一片金黄，还会给白云山奉献“迟来的秋日”的独特美感。这正是黄婆洞水库周边最著名的一景。曾经有一些摄影爱好者将此美景发上网络，让许多观者连声惊叹：这明摆着是人间仙境——“岭南九寨沟”嘛！

4 梅花谷 黄道婆雕像 叠翠绿道

（约80分钟）

从黄婆洞水库大堤北侧，先往东，再往北，沿湖滨绕行约760米，就到了白云山明珠楼景区的又一个美妙景点——梅花谷。

梅花谷，位于白云山黄婆洞水库的东北侧，占地面积三万多平方米，是整个广州城区，除“萝岗香雪”以外，最大规模的以梅花为主题而建设的文化休闲旅游景观。景观设计者在建设和维护好基本生态环境、营造好休闲怡情景观等方面做了许多努力。

梅花谷初建于2004年，刚开始是单独收费的。如今，也跟白云山上许多园中之园一样，取消了收费，为游客提供了更多的福利。

梅花谷整个园区，坐落在孖髻岭西南侧的山谷中，山谷的东西两侧各有一道潺潺的山涧从山坡上蜿蜒而下，形成阶梯式的小水潭，并最终汇聚为一条较大的溪流，流入黄婆洞水库。溪流两侧的平地，土层深厚，土质疏松，特别适合白花果梅生长。因此，最初种上了许多果梅。其后，园林技术人员通过认真规划和培育，又在园区东侧、北侧的山坡上栽种上数百株不同品种的梅花，如梅州宫粉梅、潮塘宫粉梅、玉碟梅、美人梅、绿萼梅等。这使原来毫不起眼的一处位于黄婆洞水库北侧和孖髻岭西南侧下方的荒僻山谷，华丽变身成为白云山上又一处游客踊跃观赏的美丽景致。

我们知道，历史上白云山也是以赏梅著称的一座名山。明清时期，白云山的梅花园一带，曾经是广州地区百姓最钟爱的赏梅景点之一。每年春节前夕，梅花都会吸引熙熙攘攘的赏梅人群。如今，白云山梅花谷的兴建，很好地接续了白云山“赏梅胜地”的美好传统，对于白云山历史文化底蕴的开掘，可以说又闯出了一条可持续发展的宽阔路径。现在看来，20多年前景区建设者的这一成功的设计思路，以及从规划到具体建设过程中白云山管理部门20多年的坚持，确实值得我们点赞。

每年11月底，园区里的果梅率先开放。紧接着，其他品种的梅花也竞相绽放。当岭南罕有的隆冬季节，或者让游客们都缩手缩脚的倒春寒来临的时候，白云山上多数花卉都已经瑟缩着不再靓丽。此时，梅花谷就成了整座白云山最吸引游客的所在了。

一丛丛，一树树，各色梅花都在凌寒盛放。整个梅花谷都成了洁白的世界、粉红的世界、暗香浮动的世界。大量的游人举着手机，举着单反，举着各式专业相机，乐此不疲地拍着、拍着。此时的梅花谷，虽然由于短时间内游客的过于密集，有点不那么像幽雅的休闲胜地了，但纵情狂欢、与众同乐，很多时候也是生命的必需呀。

岭南梅花盛放时，最奇特之处在于有许多蜜蜂和蝴蝶也参与了这一场大自然的盛会！

我们读宋代江南地区诗人林逋的《山园小梅》时，清楚地记得，林逋曾经深深感叹："霜禽欲下先偷眼，粉蝶如知合断魂。"意思是说：江南的蝴蝶（粉蝶）一辈子"闻所未闻"，这个世界上竟然还有一种美好的事物叫作"梅花"！如果它有幸知道，世界上竟然还有这么美好的梅花的话，它一定会为之"断魂"的。

然而，岭南的粉蝶何其有幸，竟然有机会目睹梅花的盛放，甚至在梅花谷的万千梅花丛中，上演着一幕幕"蝶恋梅花"的自然奇观！

当然，享受着梅花谷的秀美梅花之景的我们，也不能以为，除了梅花，梅花谷就再也没有更多可以欣赏的美丽景观了。其实，光论植物，梅花谷里就还有许多值得我们认真关注的品种。比如，大门左侧池塘中的睡莲、狐尾藻；又如，梅花丛中有意间种着的许多山茶花、玉兰花；还有，春日盛放的杜鹃花、红花檵木；夏日傲立的文殊兰、水鬼蕉；秋日争艳的木芙蓉、桂花等。

在万紫千红、百卉争艳的各色美景中，我们还应该注意到，梅花谷的西南侧静静地矗立着一座黄道婆雕像。

这座白色大理石雕像中，黄道婆手持织布梭，端坐在一架纺纱轮车前，面容慈祥而又坚毅勤勉。面对着这座圣洁的雕像，我们将更加感恩这位“衣被天下”“惠泽万世”的老人的伟大贡献。

如果白云山管理部门能够在这座雕像旁竖立一块更加清晰的说明牌，更加细致到位地介绍棉纺织技术对人类文明进步的巨大促进作用，黄道婆为棉纺织技术的改良、提高所做的巨大贡献，以及黄道婆与白云山黄婆洞地区的具体关联等，相信这座雕像的价值能够得到更好的彰显。

参观完梅花谷后，我们将沿梅花谷东北侧一条前几年新开辟的道路上行750米，到达五雷岭的下方。关于五雷岭，我们在“文化云山”和“挑战云山”行程中已经分别做过介绍，这里就不再重复了。

五雷岭脚下，是白云山中又一条著名的徒步绿道的所在。这条绿道被称为“叠翠绿道”。

叠翠绿道，是从白云山永泰门岗开始（一说是从元下田门岗开始。其实，这两个门岗相隔甚近，并且绿道呈东西两条环形线路，把整座五雷岭围在正中心。因此，说它从哪一个门岗开始，都没错），经五雷岭，直至白云松涛的又一条被网友们交口称赞的生态休闲绿道。

叠翠绿道全长约6千米。沿途森林茂密，人为干扰比较少，许多在其他地方长不起来的蕨类植物、藤本植物，在这一段绿道中都可以长得很好；五雷岭东侧的绿道中途，甚至还保留了一个野生禾雀花的自然群落。每年2—3月，许多爱花的游客专程前来观赏野生禾雀花的盛放。沿途的鸟类也是整座白云山上最丰富的。笔者就曾多次在这条绿道上亲眼见到白鹇、锦鸡等白云山上比较罕见的鸟类，也曾亲眼见到一只母鹌鹑带着一群刚出生的小鹌鹑，排成整齐的“一”字形队伍，横穿叠翠绿道。

正因为叠翠绿道的生态环境保护得比较好，广州市气象公共服务中心曾经专门在此绿道附近设立了好几个生态气象自动观测站，以保证所采集到的空气样本最纯净、最精确；广州城市生态系统国家定位观测研究站，也将此处确定为长期固定观测样地。从这些角度讲，此处的负离子含量应该是整座白云山最高的了。

5 王韶光墓 永泰门岗 永泰公园

（约60分钟）

沿五雷岭西侧的叠翠绿道往北，前行约2.5千米，就到了著名的三元里抗英斗争中的民族英雄之一王韶光的陵墓。

王韶光，生卒年不详，原名天富，字春梦（一说春野），原籍广东嘉应州荷田堡（今梅州市梅县区荷泗镇）鹁鸠塘村。幼时，由于家境贫寒，曾随族人到汕头做佣工、学理发谋生。因其曾学过识字写文，后在汕头一位讼师门下任司书，开始帮人撰写诉状。不久，他自立门户，成为一名小有名气的土讼师。在积攒了一定的家财之后，便回乡捐得一名监生（位同国子监太学生，赏七品顶戴虚衔）。

其后，眼界已经开阔的王韶光决定奔赴省城，谋求更大的发展。他选择来到当时还是广州城郊外，但早就有较多客籍人士聚居的三元里至今永泰村一带经商。

那时候，小北至三元里一带，有一些打石行。在这些打石行里，从业的小老板们、工人们多数是从五华、龙川等地来的客家人。他们从事的工作相对比较粗重，因此经常被一些当地人瞧不起。再加上他们的风俗、习惯、语言等与当地人不同，因此常受到部分当地人的无端欺侮。王韶光到来之后，这些客家人发现王韶光能写会讲，又有“监生”身份，便聘请其担任石行会馆的书房，兼业讼师，为客籍同乡们排忧解难。

王韶光能力出众，工作认真，敢于仗义执言，因此深受三元里一带客籍人士的拥戴。很快，王韶光就凭借自己的能力，积攒起足够的经济实力，落籍番禺（当时三元里一带属番禺县管辖），在园下田村（今元下田）买田建屋，成了当地一位颇有影响力的士绅。

清道光二十一年（1841），作为第一次鸦片战争中的进一步侵略行动，英军从广州泥城（今荔湾西村）一带登陆，占领了位于今越秀公园内的四方炮台，直逼广州城北。并且，还把侵略军的司令部设在四方炮台上。当时，广州城内清军官兵不仅束手无策，而且还以英军入侵需要筹钱支付赎城费为由头，多方勒索城内外的老百姓和小本生意人。入侵英军的奸淫掳掠、残杀无辜的行为，更进一步激起了民愤。郊区民众早就有意要团结起来，用自己的力量去抵抗英国侵略军的欺凌。

5月29日，一小股英军来到三元里一带烧杀抢掠。南海人韦绍光在发现自己的妻子被这股窜扰的英军士兵调戏的时候，愤然揭竿而起，联合村民逐走了这支英军。据记载，当日的冲突中，村民们杀死了数名英军士兵。

次日清晨，三元里村民估计英军一定会前来报复，于是在村北的三元古庙前集会商议应对办法。集会现场群情激愤，大家都认为必须依靠自己的力量，武装抗击来犯的侵略者。

为了保证当天有足够的力量来跟英国侵略军作斗争，前一晚，萧岗举人何玉成等乡绅，已经“柬传”广州东北郊、南海、番禺、增城等各乡，联络了103乡共约15000人，齐聚在三元里村东北的牛栏岗上。众人商定，利用牛栏岗以及不远处黄婆洞地区周边的山势和水田地貌诱歼敌人。各乡代表在韦绍光率领下，击鼓鸣钟，在庙前庄严誓师，并以三元古庙中的“三星旗”作为指挥战斗的令旗，“旗进人进，旗退人退，打死无怨”。

三元里石行公馆的全体会众和在广州城东北居住的许多客民（绝大多数是从嘉应州迁至此地的客家人），一年多来目睹了入侵英军的各种肆虐，也深切感受到了英国发动的侵略战争对普通老百姓生活的巨大破坏，早已义愤填膺、同仇敌忾。接到“柬传”之后，客民们便公推王韶光为首领，与何玉成、韦绍光等紧密配合，共同抗击英军。

三元里各乡村民，加上居住在广州城东北的许多客民，共同构成了著名的广州三元里平英团抗英义勇的主体。

5月30日，平英团义勇在韦绍光、王韶光等人的率领下，通过机智灵活的战术，把英军引诱到牛栏岗、黄婆洞一带分割、包围起来，并利用天降大雨的好时机，痛击被包围的英军第三十七团的一个连（60人）。这个连的英军主要是一群印度雇佣兵，他们手持的燧发枪被雨打湿后哑火。因此，平英团义勇抓住时机，几乎将其全部歼灭。直到手持更加先进的“雷管枪”（不怕雨天）的两个连英军援兵赶到，被围英军才被救出，返回四方炮台。平英团义勇则趁机团团包围了四方炮台。可惜，早已被英军打怕的清朝官府害怕英军会借机进一步扩大侵略，因而出面威逼平英团民众撤围。至此，义勇们才不得不逐渐散去。

按照英方的记载，此战英军被打死5人，重伤23人。按我方记载，则英军死伤的人数更多。在双方武器完全不在一个层级的情况下，平英团勇士们凭借大刀、长矛等简陋武器，能够取得这样的战果，已经是非常不容易了。

在这次战斗中，王韶光既出资，又出力。他的弟弟王韶贵、儿子王锡桓、侄子王锡恒全都参与了战斗。他所率领的客民队伍俱擅武术、长技击，往往冲杀在战斗的最前线，因此被称为最英勇顽强的队伍。

战后，清政府赏给王韶光六品军功，清将奕山又向朝廷保荐他为官。王韶光则主动捐银8000两，并倡导成立了旨在御英、保障广州城东北安宁的团练组织——“东北六社”，继续为保乡安民作出贡献。

其后，王韶光接受清政府安排，历任安徽、山西等地方的知县、知府等职。晚年告老还乡，享年70余岁。

通过梳理平英团抗英行动的具体事迹，我们发现：今日恬静闲雅的梅花谷和黄婆洞等白云山山麓区域，曾经是180多年前中国人民奋勇抗击英国侵略者的重要战场之一！巍巍云山，确实是底蕴深厚、为中华民族作出过重要贡献的爱国主义教育基地呀。

目前的王韶光墓，无论形制还是管理，都稍显简陋，包括墓碑的内容、墓碑的刻工、道路边应该设立的指示牌等，如果从爱国主义教育基地的高度来要求的话，仍有较大提升空间。

瞻仰完民族英雄王韶光的陵墓后，我们只需前行不到200米，就可以神闲气定地通过永泰门岗，离开白云山，完成我们今天的“休闲云山”之旅了。

永泰门岗是白云山17座门岗之一。门岗不是很大，但建设得很精致，凸显出作为国家5A级风景名胜区的独特气派。

永泰门岗之所以值得我们关注，还因为它是在地铁11号线建成之前，整座白云山离地铁口最近的一个门岗。出永泰门岗后，经过永泰公园，再前行667米，就到了地铁3号线的永泰站。因此，自从地铁3号线北延段开通之后，白云山的永泰门岗就迎来了许多乘坐地铁前来登山的游客。永泰门岗也变得比从前热闹了许多。作为在白云山转悠了20多年的我们，对于这一点，体会是格外深切的。

既然说起永泰门岗时已经提到了永泰公园，我们觉得还有必要跟大家聊聊这座个性极为鲜明的“迷你”乡村公园。

永泰公园，属于白云区永平街道永泰村，本是一个小型的村属公园。但公园的管理者却想到了一条建设“永泰乒乓体育公园”的个性化思路：公园内设置了许多乒乓球台，供乒乓球爱好者日常尽情挥拍竞技；公园的大门也由一个乒乓球拍和一个乒乓球的造型共同构成。

更令人另眼相看的是，公园管理者竟然想尽办法征集到了数十位曾夺得乒乓球世界冠军的中国著名运动员的掌纹！这些来之不易的“冠军掌纹”被制成雕塑，镶嵌在公园的墙壁上，使得许多热爱乒乓球运动的市民有了看齐、学习的榜样，整个公园也顿时“高大上”起来。

作为举国公认的“国球”，乒乓球文化把一座原本毫不起眼的村属小公园，瞬间打造成了能够给我们带来蓬勃奋发的精神享受的个性化文化乐园。今天，我们的“休闲云山”之旅能够在这样一片“乒乒乓乓”的欢快氛围中结束，想必大家的心情也一定会更加轻松、愉悦、闲适吧！

（本线路总耗时约六小时）

第六天

研学云山

“研学”，是近年来颇为时髦的一个词语。现场式、研讨式、探究式等学习方式，让孩子们日常紧绷的情绪尽可能得到一定程度的放松，同时又能够让他们在相对轻松、自由、主动的状态下，取得有价值、有乐趣的学习收获，那当然是一件非常快乐的事情。

每到假期，研学就成为学生和家长关注的话题，其成本问题自然也备受关注。据我们所知，相比那些高成本、高投入的研学活动，围绕白云山开展的各种研学活动，性价比非常高。

白云山的门票只需要5元。如果是持有学生证的学生，则只需要2.5元。在这样高性价比的研学基地里，能够开展爱国主义教育、岭南历史文化、诗词楹联、绘画雕塑、书法音乐、岩石土壤辨识、定向越野、山地马拉松、园艺园林、蝴蝶昆虫、观鸟识鸟、文化植物、其他动植物观察等包罗万象的研学实践活动。这样丰富快乐又价廉物美的研学实践基地，如果我们不主动去把握好，不主动把它变成我们增长知识才干的理想宝库，实在是我们自己对白云山的极大辜负呀！

今天，结合我们一家的知识优势，以及我们对白云山研学资源的力所能及的把握，我们带领大家开展的“研学云山”之旅，将重点围绕“文化植物”的话题来进行一些比较细致的研讨。

什么是“文化植物”呢？

文化植物，就是在古今文献中出现较频繁，常被用来承载传说、典故、民间故事，寄寓着中国人的抱负、心境、价值观念、审美情趣等，积淀着丰富的中华文化内涵的植物。

具体来说，比如梅兰菊竹、松柏荷柳、桃李杏梨、桐桂桑麻等植物，它们陪伴着中华民族已经长达数千年，早已在中华民族文化中留下了深刻的烙印。一谈起这些植物，中国人就能产生特定的情感共鸣。

明代张潮在《幽梦影》中说：“梅令人高，兰令人幽，菊令人野，莲令人淡，春海棠令人艳，牡丹令人豪，蕉与竹令人韵，秋海棠令人媚，松令人逸，桐令人清，柳令人感。”说的就是中华民族与这12种我们耳熟能详的植物之间的特定情感共鸣。

每一个学习中华传统文化的人，都应特别关注这些积淀着丰富中华文化内涵的植物。

当然，积淀着丰富中华文化内涵的植物，远不止梅兰菊竹、松柏荷柳、桃李杏梨、桐桂桑麻，也不止《幽梦影》中增加的春海棠、牡丹、蕉、秋海棠等。我们注意到，在最新人教版一至九年级的《语文》课本里，共出现了280多种植物的名称。这些植物当中，有许多是与中华传统文化有着千丝万缕联系的“文化植物”，它们是我们认识中华传统文化、了解中华传统文化和热爱中华传统文化的最佳向导。

如果我们能够先帮助孩子们在现实中把这些“积淀着丰富中华文化内涵的植物”辨别出来，认识准确，再给孩子们讲清楚它们的深厚文化底蕴，那么孩子们的语文学习就会变得生动很多、鲜活很多。孩子们就能够走出相对枯燥的课堂，在大自然的温馨、和谐氛围中，获得大量宝贵的中华优秀传统文化知识。

显然，这种生动、鲜活的研学实践活动更有价值、更有意义。孩子们从这当中获得的对于中华优秀传统文化的认识和认可，也有利于他们树立真正意义上的中华文化自信！

那么，对于广州市的家长和孩子们来说，在哪里才能够更容易“偶遇”到最多的文化植物呢？我们可以非常负责任地告诉大家：在白云山上，就能够偶遇最多的文化植物！

不信，请大家今天跟随我们，来一趟以文化植物为主要研学对象的“研学云山”之旅。

1 ◎ 农艺创意园

（约100分钟）

从白云山南门，直接沿云山南路上到可憩草坪，这一段路程大概有1.6千米。沿途的景物，我们在“文化云山”中已经分别做过介绍。

但当时，我们有意留下了一处景物，没有跟大家言及。这处景物，就是我们今天将花费比较多笔墨，重点跟大家介绍的，位于可憩草坪和肯德基餐厅斜对面、茗园酒家（已歇业）南侧的农艺创意园。

农艺创意园，是白云山管理部门于2010年左右精心打造的一处方便广州地区孩子们了解农耕文明历史、认识文化植物、参与生物科普活动的快乐研学营地。

农艺创意园创建之初，得到很多家长和孩子的热烈响应。园里曾经展示的许多农具、渔具、养殖器具等，以及田垄里种植的姜、葱、蒜、大豆、小麦、萝卜、茄子、丝瓜、苦瓜、花生、南瓜等，都让许多从小没有机会接触农耕细节的城市孩子大开眼界。甚至有一些年轻家长也表示，自己都是第一次亲眼见到这么多农业生产的细节。

尤其是有一段时间，农艺创意园里专门种植了许多在中国古典诗文中经常出现的文化植物，并且认真做了相应的挂牌宣传，使得许多家长和孩子都觉得更加亲切，收获满满。

其中，给我们印象最深的是农艺创意园里曾经大面积种植过的中华传统文化植物——葵菜。

想必接受过九年义务教育的我们都很熟悉汉乐府《长歌行》中的“青青园中葵，朝露待日晞”这一句诗。但是，许多现代人一面念着“青青园中葵”，一面联想到的却是菊科植物向日葵。这是非常错误的！

向日葵原产于北美洲。它最早在1492年之后才有可能来到中国，因为1492年哥伦布才刚刚发现新大陆呀！

而歌唱着“青青园中葵”的《长歌行》，却是汉朝的乐府诗歌。那么，“青青园中葵”的“葵”，怎么可能是一直晚到16世纪才有可能传入我国的外来植物向日葵呢？

而且，“青青园中葵”诗句的总体视觉氛围是一片青葱翠绿的颜色，而向日葵给人最强烈的视觉冲击是它那金黄色的大花盘。因此，如果写的是向日葵，那么《长歌行》的开头就应是“金金园中葵”，而不是如今的“青青园中葵”。

既然不是向日葵，那么“青青园中葵”说的到底是哪一种植物呢？

原来，它说的就是农艺创意园里曾经大量种植过的一种蔬菜——葵菜。

中国文学从《礼记》《诗经》等开始，一直到宋元时期，非常多作品都写到过葵菜。它是中国人最喜欢吃的传统蔬菜之一。《齐民要术·卷三》专门讲各种蔬菜的种植方法，其中第一种蔬菜，讲的就是葵菜。

人教版九年级《语文》（以下《语文》均指人教版《语文》）下册第137页，汉乐府诗歌《十五从军征》中，从军时间长达65年，直到80岁后，才好不容易回到家中的主人公，见自己家里已经是“中庭生旅谷，井上生旅葵”。其中的“旅葵”，指的就是野生的葵菜（旅：野生）。诗歌紧接着还说“采葵持作羹”，说的正是采摘野生的葵菜来做羹汤。

因叶子有一定程度的跟随阳光的特性，葵菜曾被古代士大夫们作为“臣子忠贞于朝廷”的象征。例如，杜甫《自京赴奉先县咏怀五百字》就曾说：“葵藿倾太阳，物性固莫夺（我对朝廷的忠诚，就像葵菜和大豆的叶子一定会主动朝向太阳一样。这是事物的本性，是无法改变的）。”

当我们分辨清楚葵菜与向日葵的区别之后，再亲眼看看农艺创意园里那一大片青葱翠绿的葵菜，跟孩子们一起背诵和讲解《长歌行》《十五从军征》时，那种贴近现实的亲切感，那种思接千载的与古代作者的无障碍交流，将使孩子们受益匪浅。

除了葵菜，农艺创意园里还曾专门种植过含羞草、蒲公英等文学作品中常提到的植物。

含羞草，虽然已经逸生成为广州地区比较常见的野生植物，但对于大多数长期生活在钢筋水泥森林里的孩子来说，要见到一次也并不容易。因此，有很多孩子都是在农艺创意园里才第一次见到了他们在课本中早就心心念念的含羞草，以及它那粉红娇艳的小球花。

蒲公英总体上属于温带植物，在广州地区更是少见。因此，大多数广州孩子都没有亲眼见过真正的蒲公英。很多广州人都把果实长得有点像蒲公英的野茼蒿、一点红等当成蒲公英。当农艺创意园里种出了一大丛真正的蒲公英，并且认真地进行挂牌宣传时，可想而知，当时有多少孩子为之欢呼雀跃，为之魂牵梦绕！许多孩子连续几个周末都主动拉着爸爸妈妈上白云山，为的就是要看看蒲公英花丛又开出了多少朵耀眼的小黄花；要看看蒲公英的果实又有多少朵已经成熟，变成一只只白色的小绒球，随风飞出一朵又一朵轻轻盈盈的小降落伞。

当时，许多孩子的作文不知不觉间写的都是葵菜、含羞草、蒲公英等。这才是真正意义上的现场研学！这才是真正意义上对孩子们的贴心帮助。

可惜，由于经营体制的变更，现在农艺创意园的管理已经没有当年那么细致了：农具、渔具、养殖器具都已经不见了，葵菜、含羞草、蒲公英等也没有再种植了，甚至连姜、葱、蒜、大豆、小麦、萝卜、茄子、丝瓜、苦瓜、花生、南瓜等都不容易见到了。没有了孩子们惊喜的发现，没有了孩子们欢快的笑声，现在的农艺创意园变得冷清了很多。

因此，我们衷心期望能有一些有心人主动站出来，联系教育主管部门，联系文化经营部门，联系少年宫等单位，投入一定的资源，把原来已经有相当基础的白云山农艺创意园打造成为一座具有深刻意义的“课本里的文化植物研学园”。当这一座研学营地被重新建设好的那一天，该有多少孩子会为之欢呼雀跃，该有多少家长会为此举真诚点赞！

目前的农艺创意园，虽然已经没有了农具、渔具、养殖器具，没有了葵菜、含羞草、蒲公英，但是，即使是在这已经冷清了许多的农艺创意园里，我们仍然可以发现许多与中华传统文化有着千丝万缕联系的文化植物。我们仍然应该认真去发现这些宝贝、研究这些宝贝、用好这些宝贝，从而引领我们的孩子更好地享受这座宝贵的研学乐园。

比如，农艺创意园入口的上方，正对着刚刚踏进园门的我们，就有一架生机勃勃的紫藤萝。

紫藤萝，是七年级《语文》下册第112页宗璞《紫藤萝瀑布》中的主角。虽然紫藤总体上是温带植物，生长在南方的紫藤萝花比较难盛开得像瀑布一般壮观热烈，但是能够亲眼见到现实生活中的紫藤萝，尤其是正花开灿烂的紫藤萝，孩子们学习语文的亲切感、快乐感必将会得到大大加强；老师和家长们对孩子语文知识的引导也必然会更加生动活泼。这才是真正意义上的研学，这才是白云山能够提供给我们的最宝贵的文化和教育资源。这些资源是非常值得我们珍惜、加以充分利用的。

紫藤萝，是中国古典园林建设中必不可少的植物品种之一，也是中国古典诗词、绘画中经常出现的题材之一。杜甫的爷爷——曾亲自到过白云山，并写诗歌颂过白云山的杜审言，在诗歌里写到紫藤萝；唐代诗人李白、白居易、许浑、王梵志等，也都有诗歌热情歌颂过紫藤花的美丽。更不用说宋元明清其他诗人的更多咏歌了。可见，认识文化植物紫藤萝，不仅有助于我们学习宗璞的《紫藤萝瀑布》一文，而且还是我们帮助孩子们热爱大自然，学会品鉴自然美景，自觉融入中华优秀传统文化氛围的很好的阶梯。

又如，八年级《语文》下册第7页，鲁迅《社戏》中有一句话："他如果骂，我们便要他归还去年在岸边拾去的一枝枯桕树……"

这当中的"枯桕树"一词，指的是已经干枯了的乌桕树枝。可是，孩子们往往都对乌桕树缺少了解，甚至不少老师和家长也不了解什么是乌桕树。因此，读到"枯桕树"这个词语时，孩子们自然就会感觉比较陌生、比较疏离，不容易提起兴趣。这时候，如果有人能够告诉孩子们乌桕树到底长成什么样子，到底在哪里可以见到，那么，文学作品的阅读马上就变得不那么枯燥，不那么陌生，不那么艰涩。

其实，白云山上很多地方都可以见到乌桕树，包括农艺创意园里，也有一棵七八年前我们家在此栽种下的乌桕树。现在，它已经长得枝叶婆娑，树形非常美观了。我们当时栽种的目的，就是让更多家长和孩子能够比较方便地认出中国文学作品里经常出现的乌桕树。

乌桕，是原产于我国的一种重要经济树种，从江南到岭南都非常容易生长，木材也有许多用途；秋冬季节，乌桕树的树叶会变红，红得非常好看，被赞誉为“中华红叶树”；另外，在古代还没有化工原料制作的蜡烛之前，乌桕树籽炼制的油料是制作传统蜡烛的重要原材料之一。因此，古今许多诗人、文学家都非常喜欢写乌桕树：陆游有“乌桕赤于枫，园林九月中”的名句；南朝乐府民歌《西洲曲》中，曾写道“日暮伯劳飞，风吹乌臼树”；鲁迅和周作人两兄弟的文章里，都多次提到乌桕树；当代女诗人舒婷的笔下，也曾多次写到美丽婀娜的乌桕树。

如今，在农艺创意园里，就能够看到鲁迅笔下的乌桕树。我们当然应该主动引导孩子们去认真观察这种著名的文化植物，使孩子们在课文阅读中感到更加生动、亲切和平易。

从上述关于葵菜、含羞草、蒲公英、紫藤萝和乌桕的介绍中，我们可以看出：观察大自然，尤其是观察和了解大自然中的文化植物，是我们拉近孩子们与经典文学作品之间心理距离的重要纽带。问题的关键只在于，我们为此所设计的研学引导是否能够到位，是否足够细致。

目前，农艺创意园里还种有许多竹子、紫薇、杜鹃、桃树、李树、梨树、板栗、柿子、枇杷、柠檬、芭蕉等中小学课本里经常会出现的文化植物。如果家长能够率先把它们逐一辨认出来，再引导孩子们进行认真细致的观察，并且把蕴含在这些文化植物背后的深厚文化底蕴讲述出来，那么，孩子们的学习过程就会变得更加轻松愉悦，更加快乐活泼。

除了上述课本里常见的文化植物，目前农艺创意园里还有一些其他文化植物，如木槿、使君子、莲雾、构树、苎麻等，虽然它们没有出现在中小学课本里，但是它们深厚的文化底蕴，也都是极为有趣的，也是很容易调动起孩子们的学习热情和观察兴趣的。只是，因为讲述起来需要耗费比较多的笔墨，在这里我们只能暂且按下不表。有兴趣的读者不妨看看我们撰写的《云山花事经眼录》，书中有许多关于白云山的各种文化植物的介绍。

2 ◎ 鸣春谷

（约80分钟）

参观完农艺创意园，沿云山南路前行约1.3千米，就到了我们在“文化云山”中曾经到过的山顶广场。山顶广场的东侧，有一座牌坊式的大门，门楣两侧各画着一只大大的金刚鹦鹉。这里，就是我们的“研学云山”线路准备推荐给大家的第二个研学实践场所——鸣春谷。

鸣春谷，位于“天南第一峰”旁的滴水岩谷地中，是我国最大、亚洲第二大的一处用于飞禽驯养和观赏的大型人工鸟笼。鸣春谷占地面积5万平方米，1989年10月28日正式建成开放，当年投资高达500万元，是广州市政府专门为市民打造的一座融现代园林造景艺术、立体化自然景观欣赏和科普研学教育基地于一体的大型游览胜地。“鸣春谷”之名，取自唐代韩愈《送孟东野序》中“是故以鸟鸣春”的意境。

在改革开放初见成效，广州市民的观光游览热情和科普学习热情都十分高涨的20世纪80年代末，当时的广州市政府顺应广大民众的文化需求，投入巨资打造出这座颇具特色、曾经引起全国性关注的大型游览胜地，其魄力还是非常值得称许的。

1995年，鸣春谷景区曾被国务院发展研究中心评定为“中华之最”，因此鸣春谷就有了“中国最大天然鸟笼”之称。当时的国家领导人荣毅仁、杨得志、杨成武、张爱萍等，以及联合国副秘书长阿考特等国际友人，都曾慕名到此观光游览，并留下了珍贵的墨宝。

鸣春谷景区鼎盛时，共分为鸟类标本陈列室、天然鸟笼景区、珍稀鸟类观赏区、鸣禽挂廊区、驯鸟表演区和滴水岩自然景区等多个观赏区域。景区内共有鸟类150多个品种、5000余只。其中不乏孔雀、丹顶鹤、天鹅、白鹇、红腹锦鸡、蓝马鸡、红腹角雉、灰喜鹊、蒙古百灵等国家一、二级保护鸟类。

可惜的是，30多年后的今天，由于各种基础设施逐渐老化，以及市民们的游览兴致被越来越丰富多彩的其他新兴景点、景区分散，近年来，鸣春谷景区的游客量越来越少了。显然，转型升级势在必行。

我们认为，在白云山本身的游客量还在逐年增加的情况下，鸣春谷景区的转型升级应该尽量围绕百科知识研学的思路展开。鉴于人工饲养成本难以为继、防范禽流感的难度加大等客观原因，天然大鸟笼内的鸟类数量可以适当减少，部分分流到广州动物园等专业机构中去。但滴水岩景区的自然观鸟、蝴蝶昆虫观察、岩石地貌辨析、文化植物发现之旅等与百科知识研学相关的新型旅游项目，应该相应加强。

当然，搞好这些百科知识研学的前提，是需要有一些懂行的引导人，提前做好研学方案、研学指导书、研学风险保障措施、研学标识建设等。衷心期望，经及时转型升级后的鸣春谷景区能够重新成为广州市民的最爱，重新成为全国各地游客的时尚打卡地之一。

上述与研学相关的新型旅游项目中，我们最熟悉的就是文化植物研学了。对文化植物有着比较浓厚兴趣的我们早就观察到，鸣春谷周边有不少文化植物的分布。其中，最著名的莫过于豆蔻和黄荆了。

豆蔻，是唐朝著名诗人杜牧笔下最为摇曳人心的一种文化植物。虽然杜牧并不是文学史上最早写到“豆蔻”这种植物的诗人，但他的《赠别·其一》的影响力，却是其他任何写过豆蔻的作家都无法与他相提并论的。

我们肯定都听说过“豆蔻年华”（五年级《语文》下册第92页）这个成语，但豆蔻到底长什么样，大多数国人却是不清楚的。长期生活在岭南地区的广州市民，多数人都以为我们看不到豆蔻是正常的。杜牧的行踪多数时候都是在江南和中原，因此他笔下的豆蔻，也应该是生长在江南或中原才对。

然而，可能很出乎大家意料的是，杜牧笔下的豆蔻，其实在岭南地区非常常见，尤其是在白云山上！在鸣春谷的滴水岩自然景区里，可以看到不少野生的草豆蔻。它，就是杜牧笔下的豆蔻！

原来，杜牧写到豆蔻，是延续南北朝时期一些南方诗人开创的诗歌意象，用原产于四川一带的特色植物——草豆蔻的娇嫩花朵，来描绘、形容青春少女的婀娜多姿。

而这种在四川地区常见的草豆蔻，在岭南也是常见的。因此，我们在读“娉娉袅袅十三余，豆蔻梢头二月初”时，就不应该囫囵吞枣似的完全不了解“豆蔻”这种植物的具体形态，而应该在岭南的自然环境中，尤其是在白云山上，认真寻找并仔细观察豆蔻：植株如何，叶片如何，何时开花，花形如何，果实如何？最重要的是，为什么可以用豆蔻花来比喻青春少女的美丽婀娜？

与豆蔻相类似的，还有黄荆。

如果只说“黄荆”这个名词，我们可能以为这种植物从未在我们读过的文学作品中出现。然而，当我们提起“负荆请罪”这个成语时，相信很多人已经意识到，其中包含着文化植物黄荆。

五年级《语文》上册第20页，在讲到“负荆请罪”时，准确讲清楚了廉颇是“背上绑着荆条，到蔺相如门上请罪”。然而，如果大家有心到百度图片上去查一查的话，你会发现，能够查找到的关于负荆请罪的图片，很多都是有误的。因为这些图片当中，廉颇背在身上的根本就不是一根黄荆的枝条，而是一捆木柴，甚至还有些是一根粗大的木棍！

古代用黄荆的枝条来惩罚人，是因为黄荆的枝条很长，特别柔软，打起人来非常疼，被惩罚的人因为这一份疼痛，永远都会记得自己的错误，再也不会重犯错误。但荆条打人虽然很疼，却不会致人重伤。这就是中国古人的仁厚、中国古人的中庸，绝不会做过分偏颇的事情。

“负荆请罪”准确的画面应该是廉颇背着一根古代用来惩罚犯错之人的黄荆枝条，请求蔺相如狠狠地抽打自己，让自己牢记错误，永远不再重犯。

可见，关于文化植物黄荆，很多人都没能具体准确地了解它。在画“负荆请罪”插图或者演“负荆请罪”情节的时候，完全没有意识到黄荆长什么样子。这是多么令人遗憾的事情！

其实，黄荆这种植物在中国南方和北方的多数地方都有分布。粤北地区的山上也非常多。广州地区由于地处亚热带，野生黄荆已经比较少了，但白云山上还是能够找到一些，鸣春谷的郑仙栈道、翠微古道周边就有一些零星分布。如果我们的文化植物发现之旅能够带领学生和家长们去寻找这些黄荆，并且面对这些黄荆讲清楚“负荆请罪”的准确含义，那么对于孩子们来说，这该多么有价值、多么有意义呀！文化植物现场研学就是这样一种面向大自然的教育实践活动。这种活动的亲切自然、生动活泼都是显而易见的。

有学生曾经跟我们说，他所理解的“负荆请罪”，里面的荆条应该是有刺的。我们告诉他，那是他把“荆条”和“荆棘”混淆了。荆棘，泛指山野里丛生多刺的灌木。这个词语之所以包含“刺”的含义，是因为“棘”本身是指野酸枣树，是有很多刺的。而单独的“荆”，是不带刺的。古人用荆条惩罚人，也不是故意用带刺的枝条去增加被惩罚者的痛苦。可见，准确认识黄荆这种植物，对于我们正确理解“负荆请罪”具有多么重要的意义。

除了“负荆请罪”一词中包含文化植物黄荆之外，其实中小学课本中还有许多地方可以见到黄荆的身影，比如《三国演义》里，“三顾茅庐”（九年级《语文》上册第134页）提到的“荆州”；李白诗歌《渡荆门送别》（八年级《语文》上册第62页）中的“荆门山”。其中的“荆”字，说的都是黄荆。

原来，直至今天，全国还有五座名叫“荆山”的山岭。它们得名都是因为山上长满了黄荆。其中最有名的荆山是湖北省襄阳市南漳县和保康县境内的“荆山”；古代在今湖北这座荆山附近建立起来的州郡就叫“荆州”；长江经过荆州一带的江面，相应地就叫“荆江”；古代的楚国因为最早管辖的地方就在荆州附近，所以又被人们称为“荆国”。

而在今湖北省宜昌市附近也有一座山，山上同样长满了黄荆，又因为它与长江北岸的虎牙山隔江相望，形成了一道长江出三峡入江汉平原的门阙，因此人们称其为“荆门山”。它就是《渡荆门送别》中的重要背景地——荆门。

另外，高中课本中还出现过王维的“野老念牧童，倚杖候荆扉”（《渭川田家》）。其中的“荆扉”，是指用荆条编织的门扉。

古代汉语中，经常还会出现下列词语——

荆筐：用荆条编织的箩筐。

荆钗：用荆条制作的发钗。

拙荆、山荆、荆室：均为古代男子对自己妻子的谦称。这些词语均形容自己的妻子生活寒素，只用得起以荆条制作的发钗。典出东汉隐士梁鸿的妻子孟光。史载，孟光生活俭朴，主动以荆枝作钗，粗布为裙，古人将其作为贤惠妻子的典范（“举案齐眉”的故事也出自梁鸿、孟光伉俪）。因此，拙荆、山荆、荆室等词，一点也没有贬低自己妻子的意思，反而带有对自己妻子尊敬、自豪的情感。

识荆：指初次见面或结识。典出李白《与韩荆州书》中的“生不用封万户侯，但愿一识韩荆州”。

班荆道故：班，铺开；荆，荆条。原义是在地面上铺开荆条，坐在上面共叙曾经的离别情怀；后形容朋友突然相遇，激动地席地而坐，共叙旧情。

上述词汇中说到的“荆”，指的都是文化植物——黄荆。

从“豆蔻”“黄荆”这两个经典的例子，我们可以发现，在学习中华传统文化知识的时候，如果我们不能及时准确地认识和了解相对应的文化植物，那么，我们的很多知识就会非常模糊，就会陷入“以其昏昏，使人昭昭”的境地。因此，每一位教师和家长，在享受白云山秀美风光的同时，一定要自觉去发现各种文化植物，弄懂各种文化植物，把它们作为登山研学的重要组成部分。这样的“研学云山”之旅，才是真正生动丰富、真正有利于孩子们成长的。

除了豆蔻和黄荆，鸣春谷里能见到的文化植物还有枫香、朴树、苹婆、九里香等，限于篇幅，在此不再一一细述它们的文化底蕴。

3 ◎ 桃花涧

（约80分钟）

结束在鸣春谷的研学活动后，我们需要沿云山中路和云山北路前行约4.7千米，才能到达另一个研学景点——桃花涧。

因为“研学云山”通常是孩子们一起参与的活动，如果孩子年龄比较小的话，可能并不适合一次性单调地行走太长的山路。因此，建议家长们在这一段路程中可以选择带孩子到黄河石广场附近的电瓶车站，乘坐相当方便的区间交通车——电瓶车。

当然，大家也可以每次只选择我们规划的六个现场研学点中的一两个景点进行研学实践活动。其余研学点，等待下一次登山时再行安排。

桃花涧，始建于1960年，占地面积约4万平方米，是白云山的又一个著名景点。桃花涧园区位于白云山明珠楼景区的一座山谷里，一道浅浅的泉水从园区东南侧“松涛别院”的山坡处流泻而下，形成一级级小水潭。园区景点多数就在小水潭两侧巧妙分布，形成了山水交融、活泼灵动的观赏格局。

园内种植有白碧桃、寿带桃等许多品种的观赏桃花4000余株。每年春节前后，丛丛桃花在园区里热烈盛放，有玫红色、粉红色、浅粉色和白色等多种花色。

当然，桃花最经典的颜色肯定是粉红色了。因此，每到春天，整个桃花涧基本都被“春蕾喷薄，落英缤纷”的粉红氛围所笼罩。

为什么早在1960年，还处在早期开发阶段的白云山风景名胜区，会建起一座以桃花为主题的文化园区呢？原因在于：

桃树，原产于我国中部及北部，是中国人把它从野生状态驯化为观赏与果获并举的重要经济树种。它在我国的栽培地域极为辽阔，栽培历史也非常悠久。因此，在著名男高音歌唱家蒋大为演唱的《在那桃花盛开的地方》中，歌词作者才会把“在那桃花盛开的地方”与边防军人的故乡直接相提并论。后来，桃树经由我国周边国家传播到世界各地。

伴随着广阔的种植范围和悠久的栽培历史，桃树在中国传统文化中积淀了极其深厚的底蕴。

早在著名的“夸父逐日”神话中，夸父手里就拿着一根桃杖。在口渴力竭而亡之前，他往远方丢出了手里的桃杖。那桃杖便化为一片茂密的邓林（即桃林），为可能继续逐日的后人准备了一片宝贵的绿荫。

在《诗经》中，又有著名的“桃之夭夭，灼灼其华。之子于归，宜其室家”的热情歌唱，奠定了桃花成为爱情、婚姻的象征。

唐代，崔护的“去年今日此门中，人面桃花相映红”，再次把桃花和美丽温馨的爱情联系在一起。从此，中国人一谈起桃花，就知道说的是关于爱情的幸福话题。

桃树还是吉祥、热烈的象征。每年正月初一，中国古人都会在自己家门两侧挂上桃木板，以期驱除邪魅，迎接吉祥。这就是“千门万户曈曈日，总把新桃换旧符”（宋代王安石《元日》，三年级《语文》下册第34页）的来历。

正因为桃花象征着吉祥与热烈，所以陶渊明笔下的《桃花源记》（八年级《语文》下册第54页）才会以桃花作为世外桃源故事的基本背景；李白的《赠汪伦》也信手拈来地把“桃花潭”当成了朋友之间深情厚谊的见证；当代武侠小说的代表人物——金庸把他笔下的黄蓉和郭靖安排在“桃花岛”上生活，既是在渲染两个年轻人的爱恋情怀，也是在寻求吉祥热烈的世外桃源的感觉。

中华民族以桃花寄寓吉祥和热烈情感的传统，在岭南民俗中得到了进一步发扬：

每年春节，地道的广州百姓会从花市上买回一枝灿烂盛放的桃花，供奉在厅堂或者自家经营场所的大门口，以祈愿新的一年吉祥安康。这是岭南独具特色的地域民俗文化。

正是因为桃树拥有上述深厚的文化底蕴，尤其是在岭南节庆民俗中还有着分量很重的独特地位，所以早在白云山景区建设总体还相当薄弱的20世纪60年代初，白云山景区管理者就想到在当年的“山北公园”，即现在的明珠楼景区里建设起以中华著名文化植物桃树为主题的文化专园——桃花涧。至今，桃花涧里还有桃花岛、连理亭、《桃花源记》摩崖石刻等许多富有传统文化氛围的景点，非常值得我们慢慢品味。

历经近40年的时代沧桑后，到20世纪末，桃花涧内的许多景物已经逐渐失去了往日的神韵。为了保护好这个著名景点，1999年，广州市政府拨款，根据现有的地形、地势对桃花涧进行了一次全面的升级改造。

当年5月，改造工程顺利完成。面貌一新的桃花涧重新开放，再次赢得了广大市民的热情追捧。如今，桃花涧仍是白云山内极少数（在部分时段内）需要单独付费的独立园区之一。每年1—3月底桃花盛开的季节，桃花涧都要单独收费5元。但热情的广州市民似乎并不介意这点收费，他们照样每年都能把花开时节的桃花涧挤得水泄不通。由此可见中国传统文化中的著名文化植物——桃花，有着多么诱人的魅力！

来到这个充满深厚文化底蕴的现场研学景点，每一位家长都应该自觉要求自己的孩子，除了赏花，更要深入了解桃花与中华文化之间的深厚关联，这样才能把孩子的书本学习与大自然的美丽景致真正连通，使学习变成一件令人愉悦的事情。

除了桃花，桃花涧里还有不少其他文化植物，比如每年与桃花几乎同时盛开的辛夷花。

我们都很熟悉王维的《辛夷坞》：“木末芙蓉花，山中发红萼。涧户寂无人，纷纷开且落。”但关于诗中所描述的辛夷花究竟长什么样子，很多老师和家长都没有认真去了解。有不少人还望文生义地把《辛夷坞》所描述的花卉直接理解为“木芙蓉花”。这是非常错误的！

《辛夷坞》是王维《辋川集》20首诗中的第18首。王维的好友裴迪在唱和这首诗时，有“况有辛夷花，色与芙蓉乱”的诗句。可以清楚地看出两人所咏的都是春天的辛夷花，而绝不是秋天的木芙蓉花。

所谓“木末芙蓉花”，木末，指树杪，树的枝梢。辛夷花的花苞通常开在每一根枝条的最末端，形如古人用的毛笔。因此，辛夷花又叫“木笔花”。用“木末”二字来描述它，是极为准确的。芙蓉花则是比喻，指辛夷花长得很像荷花。辛夷花的花苞很像荷花的花苞，颜色也与荷花相近。因此，诗人用“芙蓉花”（荷花的别名）来比喻辛夷花。总之，“木末芙蓉花”这句话绝不能理解为王维是在描述木芙蓉花！

既然如此，那么辛夷花到底是一种什么样的花呢？原来，辛夷花在中国传统文化里，指的就是紫色的玉兰花。

玉兰花通常有白色、紫色两种。白色的玉兰花，叫“白玉兰”，又叫“玉堂春”；紫色的玉兰花，称“紫玉兰”，又称“辛夷花”。

辛夷花在白云山上总体比较多见。其中，种得最多的地方要数桃花涧了。每年桃花盛开的季节，正好也是辛夷花的花期。桃花涧里，绚烂的桃花与高贵大气的辛夷花相映生辉，让广州市民着实大饱眼福。桃花是大名鼎鼎的爱情花，辛夷花又被白居易誉为“芳情乡思知多少，恼得山僧悔出家”的传统名花。当我们的“研学云山”线路来到溢满了中华传统文化气息的桃花涧时，我们可以深入学习和体悟的中华传统文化元素该有多少呀！

除了桃花、辛夷花，桃花涧里同样还有不少其他文化植物，如萱草、樱花、石菖蒲等。关于它们的文化底蕴，就有待读者朋友们积极深入探索了。

4 ◎ 茶文化园

（约30分钟）

离开桃花涧后，我们需要沿云山北路前行约1.5千米，前往“研学云山”的第四个景点——白云山茶文化园。

茶文化园，是白云山“还绿于民”工程的又一个重点项目，由云山茶场的旧址改造提升而成。2022年1月才正式面向游客开放。

园区依山而筑，并没有大拆大建，因而还能一定程度地保留云山茶场的历史记忆。

似乎是轻描淡写一般，曾经的云山茶场各种场地，如今已华丽变身，成为自然风景式岭南园林的一部分。洞门花窗、小桥流水、楼台亭榭、白墙灰瓦，这些岭南园林的经典元素，在没有过多破坏自然原貌的情况下，就真真切切地呈现在了山清水秀的白云山麓。

漫步茶园，一边叹茶，用味蕾去品味醇厚浓香的茶汤；一边倾听，用耳朵捕捉大自然的万千天籁。黄茶、白茶、乌龙茶、绿茶、红茶、黑茶，各种不同风格的茶叶，在茶艺师们的精心冲泡下，散发出阵阵浓香。大自然清新净爽的空气，在酽酽茶香的参与下，变得更加沁人心脾。

中国是茶文化的发祥地。茶文化，毫无疑问是中华民族文化自信的重要组成部分。作为国家级文明风景旅游区，白云山主动承担起宣传中华茶文化的责任，倾力打造出一座务实亲民的白云山茶文化园。

作为“研学云山”的参与者，我们则应该充分利用好茶文化园的宝贵资源，深入挖掘中华茶文化的深厚底蕴，了解作为中华文化植物中重要品种之一的茶树，其根茎叶花、源流功用等各方面细节，为我们的孩子打下中华文化自信的坚实基础。

从这个意义上讲，我们都应该进一步加强对中华茶文化的了解。把《茶经》、茶品类、茶诗词、茶器具、茶仪式等茶文化的方方面面，尽可能营造出能感染和熏陶下一代人的浓郁文化氛围，使一代又一代的中华少年，在茶文化氛围的熏陶下，自觉成为中华优秀传统文化的传承者和发扬者。

从进一步宣传好中华茶文化的角度，我们觉得还有必要建议白云山管理者尽可能把现有的“茶文化园”，和邻近的尚在种植茶叶，并且已经在尝试开展茶文化现场研学的“茶山”打通，争取把后者的现场优势发挥到最大程度，从而将茶文化的真谛挖掘得更加深入一些、呈现得更加场景化一些。这样，游客们对茶文化的认识、对白云山的喜爱，一定会得到进一步的提高、深化。

甚至，如果能够在白云山这处有着浓厚茶文化氛围的景点成功引进一些高端的茶博物馆等机构，长期开展中华茶文化宣传和中华文化自信的深度推广，相信对羊城的广大游客，尤其是带着孩子进行亲子研学的家庭来说，这样一处优秀景点一定会得到大家的热烈欢迎。

5 ◎薜荔墙

（约20分钟）

从茶文化园继续往前走约350米，右侧（云山北路北侧）有一堵其貌不扬的旧围墙。这里，就是我们今天“研学云山”行程的又一重要景点——薜（bì）荔墙的所在。

一点都不引人注目的旧围墙，到底有什么神奇之处，值得把它安排为“研学云山”中的重要一站呢？

原来，薜荔墙上长着的一大丛薜荔，是鲁迅《从百草园到三味书屋》（七年级《语文》上册第38页）中提到的“木莲”。

《从百草园到三味书屋》记述鲁迅少年时代在百草园里的快乐发现时，曾有一句话说：“何首乌藤和木莲藤缠络着，木莲有莲房一般的果实，何首乌有臃肿的根。”何首乌是一种中药材，今天我们先不讲它。木莲呢，它到底是一种什么样的植物？课本将其注释为“一种蔓生的常绿灌木”。作为岭南读者的我们，可能顺理成章地认为鲁迅笔下的木莲，应该是在江南才能够见得到的一种植物。

然而，再一次出乎我们意料的是，岭南很多地方都有木莲，白云山上也非常多！现在我们面对的薜荔墙上的薜荔，其实它的别名就叫作木莲。

薜荔，是一种桑科榕属的藤本植物，喜阳，善于攀附在岩壁或高大植物上生长。因为是榕属植物，所以像各种无花果树一样，我们并没有见过它开花，但它常年满枝头挂着很多形状跟倒垂的莲蓬略有些相似的果实。鲁迅笔下既有“藤”，又有“莲房一般的果实”的植物，说的正是薜荔。

作为九年义务教育中极为经典的一篇课文，《从百草园到三味书屋》入选了新中国成立以来所有版本的初中《语文》课本。然而，有些中学老师却没有注意到，鲁迅笔下的木莲，其实在岭南地区非常常见。如果我们在日常生活中能够随手找到身边的薜荔，告诉孩子们，这就是鲁迅笔下的木莲，那么，孩子们在阅读鲁迅作品时就不会觉得陌生，就会很容易跟随鲁迅的笔触，迅速进入“百草园”的快乐童年氛围中。可见，文化植物研学对于我们的孩子来说有多么重要。

薜荔，不仅以木莲的别名出现在鲁迅的笔下，而且在中国历代文学作品中出现的频率也非常高。台湾地区学者潘富俊统计，2000多年来，中国历代文学作品中出现频率最高的藤本植物，既不是紫藤，也不是凌霄，而是薜荔。

的确，以屈原为例，屈原流传到现在的作品，仅仅20多篇，但其中写到薜荔的就多达9次。《离骚》《九歌》等我们熟悉的名篇中，都有着薜荔的身影。

唐代的柳宗元是今山西运城一带人。他被贬到广西柳州后，写了一篇《登柳州城楼寄漳汀封连四州》，里面就写到了他家乡不可能有，但在岭南却非常多见的薜荔："惊风乱飐芙蓉水，密雨斜侵薜荔墙。"

毛泽东的诗词《七律二首·送瘟神（其一）》中也出现过薜荔："千村薜荔人遗矢，万户萧疏鬼唱歌。"

可见，薜荔是中华传统文化中非常重要的文化植物。如果我们能够给孩子们介绍清楚薜荔的形态，让他们在大自然中能够轻松地把薜荔认出来，那么，孩子们在学习中国传统文学作品时就不会感到有隔阂，而是会有一种亲切感。这是自然文化研学中极其重要的内容。

薜荔果还是一种可以食用的果实。用薜荔果制作的木莲冻，在江浙地区、西南地区、福建和台湾等地都是非常受欢迎的夏日消暑美味小食。从这个意义上讲，我们应该更加努力保护好山上的薜荔资源，让它们成为羊城百姓眼福和口福的重要来源。

6 ◎ 蜜蜂世界

（约50分钟）

从薜荔墙继续前行不到200米，左侧就是许多孩子登白云山时都特别喜爱、关注的一个景点——白云山蜜蜂世界。

白云山蜜蜂世界，是广东詹氏蜜蜂世家蜂业发展有限公司旗下的一家集蜜蜂饲养、蜂蜜采集、蜜产品加工制作销售和科普知识介绍于一体的现场经营机构。他们在现场经营中，把天然、健康的蜂蜜产品融入欧陆、日式等超百种经典艺术面包、蛋糕西点、各色饮品等商品当中，赢得了许多游客的喜爱和赞誉。

记得25年前，我们家刚开始攀登白云山时，蜜蜂世界还叫“蜜蜂吧”，经营规模也没有现在大。2005年，经过装修、扩建，并改名为“蜜蜂世界”后，生意更加红火了。

蜜蜂世界里，摆放着数十个蜂箱，每天都有许多蜜蜂从蜂箱里进进出出。进去的蜜蜂，腿上都挂满了花蜜和花粉；出来的蜜蜂则急急忙忙奔赴蜜源地去采蜜。

蜜蜂忙忙碌碌、勤奋劳作的精神，让人非常感动。特别是对于大多数长期生活在城市里的孩子来说，蜜蜂是他们了解自然、关注自然的一个重要桥梁。正是跟随着蜜蜂翩翩飞翔的轨迹，孩子们才更真切地看到了大自然的辽阔，更真切地看到了大自然的万紫千红。而蜜蜂事业的甜蜜，则给孩子们带来了无穷的快乐和享受，也真切地启迪着孩子们：只有像蜜蜂一样勤奋不息地努力，才有可能带来丰硕、甜蜜的收获。

面对一群群勤奋忙碌的小蜜蜂，家长们显然也被打动了。因此，上山或下山途中，不仅孩子们很喜欢进到蜜蜂世界里歇歇脚，看一看、瞧一瞧，再享受一杯蜂蜜水的甜蜜，享受一份蜂蜜点心的美味，而且大人们其实也很乐意在蜜蜂世界里多停停步，多观察观察。

25年来，我们家在白云山上可以说看多了各种经营的此盛彼衰，却很少看到能够像蜜蜂世界这样长盛不衰的经营项目。

作为“研学云山”的规划，我们本来更多关注的是白云山上各种文化植物的观赏，唯有在蜜蜂世界这样一处特别容易吸引孩子们注意力的地方，我们才决定跳出文化植物的范围，希望跟孩子们一道，深入了解人类蜜蜂养殖事业的来龙去脉。

蜜蜂早在一亿多年前就已经进化成为以采蜜为生的昆虫。在人类的原始社会时期，蜜蜂尚处于完全野生的状态，岩穴、树洞是它们构筑天然蜂窝的地方。那时候，人类也只懂得以采集野生植物和渔猎为生。后来，人类逐渐从野生动物掠食蜜蜡中受到启发，学会了从树洞、岩穴中寻取蜂巢，取食里面的蜂蜜和蜂蛹。

最初，人类是靠捣毁蜂窝、火烧驱走成蜂的方式来获取蜜蜡和蜂蛹的。随着人类智力的不断进步，人们逐渐发现蜜蜂是可以人工饲养的，从而持续给人类提供蜜源。于是，人们开始尝试对树洞或其他地方的蜂群加以保护和照顾，帮助它们繁衍壮大，生产出更多的蜂蜜以满足人类的需求。从此，人类由简单粗暴地采摘野蜂巢，发展到学会“原洞养蜂”，再逐渐发展到像今天这样成熟的人工养殖蜜蜂。

那么，在世界各民族中，是哪个民族首先学会了蜜蜂养殖呢？现在学术界对此还有争议。因为许多民族都有关于蜜蜂的各种记载。但可以肯定的是，中华民族一定是世界上最早饲养蜜蜂和食用蜂蜜产品的民族之一。迄今为止，中国仍然是世界蜜蜂养殖和蜂蜜生产的第一大国。

我国关于蜜蜂最早的文字记载出现在4000多年前殷商时代的甲骨文中。

中华文化对于蜜蜂的关注，同样非常频繁：

早在《诗经》里，就有关于蜜蜂的记载“莫予荓（píng）蜂，自求辛螫（shì）”，即告诫人们不要惹怒蜜蜂，否则可能会被蜇。

唐代诗人罗隐又有“不论平地与山尖，无限风光尽被占。采得百花成蜜后，为谁辛苦为谁甜”（四年级《语文》下册第62页）的歌咏。

宋代诗人杨万里则写道：“蜜蜂不食人间仓，玉露为酒花为粮。作蜜不忙采花忙，蜜成犹带百花香……”

一首又一首的诗歌，说明了中国古人对于蜜蜂勤劳精神的关注，也说明了中国古代养蜂事业的发达。西晋皇甫谧的《高士传》中，记载了东汉人姜岐以养蜂为职业并教授学徒的历史。据记载，当时跟随姜岐从事养蜂业的家庭多达数千户。

白云山蜜蜂世界，虽然客观上只是一座商业经营的实体，但它的经营氛围却非常适合引导孩子们进行关于蜜蜂养殖事业的研学活动，并且詹氏公司在经营中确实也比较注意对蜜蜂养殖科普知识的介绍。因此，孩子们一面甜蜜地享受着蜜蜂世界里的蜂蜜美食，一面乐此不疲地探究着关于蜜蜂养殖事业的各种知识。这样的研学氛围，对于培养孩子们关注大自然的热情，激励孩子们养成勤奋努力的习惯，还是很有意义的。

观赏完蜜蜂世界之后，我们今天的“研学云山”游程就可以告一段落了。

但需要提醒朋友们的是，以文化植物探访为核心的“研学云山”活动，并非只能在我们提到的六处研学景点中进行。除了我们今天已经欣赏到的充满丰富文化妙趣的各种文化植物，其实白云山上还有很多地方都可以找到不少其他文化植物。

能仁寺里有一棵比较大的香椿树。香椿，是《庄子·逍遥游》里“上古有大椿者，以八千岁为春，八千岁为秋”的主角。后世以香椿喻父亲，以萱草喻母亲。成语“椿萱并茂”，即比喻父母身体都很健康。

云溪生态公园和上、下坑水库中，都生长着一些蒲草。

蒲草，是高中课文《孔雀东南飞》中“君当作磐石，妾当作蒲苇”的蒲苇。

云天北路和云山中路沿途都有不少曼陀罗。曼陀罗是《水浒传》中大名鼎鼎的“蒙汗药”的原料。

白云索道悬空经过的沿途，有许多吴茱萸。吴茱萸，很可能是王维笔下“遍插茱萸少一人”（三年级《语文》下册第35页）的茱萸。关于王维笔下的茱萸到底是山茱萸还是吴茱萸，目前学术界还有一些争议。我们当然期望最好就是白云山上能够见到的吴茱萸啦。

整座白云山，生长着不少中药植物菝葜（bá qiā）。菝葜，这个名字好像非常生僻。然而，我们熟悉的“春风送暖入屠苏”（宋代王安石《元日》，三年级《语文》下册第34页）中的屠苏酒，它的原材料之一就是菝葜。

整座白云山都种有不少橄榄树。从宋代开始，不少文学家的作品中都提到了岭南有一种滋味清奇的佳果——橄榄。如南宋王度《咏橄榄》：“南海飞骑荐荔枝，谁知橄榄味清奇。只因根托寻常地，无自吹嘘到帝畿。”作为独具特色的岭南佳果，橄榄树所积淀的岭南文化元素，也格外受到中华传统文化的关注。

需要指出的是，中国古典文学作品中所写到的橄榄与西方文学作品中代表“和平”的橄榄是完全不同的两种植物。前者在植物分类学里属于橄榄科橄榄属，后者则属于木樨科木樨榄属。因此，我们在阅读中外不同的文学作品时，一定要把它们区分清楚，才不会张冠李戴。

上述文化植物都非常值得我们认真去发现、去探究，并努力挖掘它们的深厚文化底蕴。因此，如果我们愿意做文化植物研学的有心人，在白云山上，我们还可以开展非常多的文化研学活动。

文化植物研学，绝不仅仅是认出几种植物那么简单。它既是对中华优秀传统文化的热烈拥抱，又是对大自然丰富万象的深情接纳。长期坚持对文化植物的现场研学观察和记录，对于孩子们耐心和沉静性情的养成，对于孩子们分类、条理观念的建立，都是极有意义的。

研学只有密切结合课文和课堂教学，才能真正对孩子们综合素质的提升有较大的帮助。

（本线路总耗时约六小时）

第七天

奢华云山

虽然为国家5A级风景名胜区，但在广大市民游客心目中，白云山始终都是非常平价的景区。

白云山老员工们回忆，自改革开放以来，白云山的进山门票就已经是5元一张了。如果说，当时的游客要拿出5元钱来购买白云山门票还有点心疼的话，那么这个价格一直维持到40多年后的今天，实在是太不容易了。并且，当初除了进山门票外，能仁寺、九龙泉、梅花谷等景点，都还需要单独收费。相比其他门票价格高的景区，白云山无疑是性价比很高的5A级风景名胜区。

然而，40多年维持不变的低廉票价，一方面为市民游客提供了美好的福利享受，另一方面却经常会让一些不那么熟悉白云山的人，以为白云山没有什么好风景，所以才卖不出高票价。

正因如此，我们觉得有必要为热爱白云山的朋友们设计一条真正“高大上”的“奢华云山”游览线路，让大家体会体会，票价低廉的白云山，其实也可以走奢华路线。

1 ◎ 云台花园

（约120分钟）

“奢华云山”的第一站，毫无争议地首推云台花园！作为白云山下属的七大游览区之一，云台花园不仅单独收取门票，而且门票价格比白云山还整整贵了一倍。如果没有一定的“奢华”资本，它怎么可能做到这样呢？

从地理位置看，云台花园位于白云山南面入口处，比白云山的正门（南门）更靠近广州城北部的交通大动脉之一——广园路，更靠近公交云台花园总站，也更接近即将建成的地铁11号线云台花园站。云台花园是整座白云山交通最便利的地方，可谓占尽地利，为它的整体“奢华”打下了良好的根基。

从设计规划来说，云台花园一开始就被规划为一个高格调的、以欣赏四季珍奇花木和现代园林造景为主的、全国最大规模的城市花园。这种顶流的特色规划，使得云台花园自1995年9月28日建成开放以来，每年游客接待量均高达上百万人次，成为广州市面向全国，乃至全世界的重要文化旅游窗口之一。建成30年后的今天，云台花园依然能够做到客流不绝、长盛不衰。这在当代众多的人造园景当中，还是极为难得的。

云台花园，坐落于白云山的三台岭（又名“凤凰台”，见欧阳山《三家巷》第12章《人日皇后》），占地面积12万平方米，建设之初是以世界著名城市花园——加拿大布查特花园为蓝本进行总体规划的，由广州园林建筑设计院设计。设计的目标定位为：建设一座“聚东西方园林建筑精华于一体、汇国内外四时花卉于一园、纳国际友邦情谊于一圃”的全国最大型中西合璧园林式城市花园，力争打造成为广州市最重要的旅游窗口之一。从建成运营29年来的成效看，这一目标定位是基本实现了的。当年广州市政府投资的上千万元建设资金，应该也达到预期收益了。从这个意义上说，云台花园还是旅游景区建设可持续发展的一个样板。

云台花园总体朝向东南，它每天最美的时光应该是在清晨至上午11点左右。此时，东升的旭日逐渐普照整座园林，万物都呈现出朝气蓬勃的鲜活气息，各种珍奇花木更是呈现出最迷人靓丽的美态，让人目不暇接。

当然，下午和夜晚的云台花园，也自有它精彩的一面。

云台花园的整体布局，以正对大门的宽大园景式台阶为轴心。台阶的左右两边是对称的大理石人行阶梯，中间则是由特制玻璃铺设而成的台阶式园景轴线。一年四季，玻璃台阶旁的装饰花槽都会根据不同的季节，种上各种灿烂的时花。园丁们精心打理的这些红花绿叶，或黄蕊碧茎，将花园主轴线勾画得格外鲜亮、艳丽、明快。参观的游客，即使还没有进入云台花园的大门，就已经能够感受到这条气势磅礴的花园中轴线的宏伟壮观。

每至夜晚，玻璃台阶底下安装的各色霓虹灯同时被点亮，云台花园的核心因此显得光华璀璨、富丽堂皇。

玻璃台阶上面，则随时都流动着缓缓的人工瀑流。这些瀑流来自玻璃台阶上端的一片面积达8000平方米的人工湖泊——滟湖。

滟湖的湖底也装有大型的环形灯饰。当这些灯饰同时被点亮时，滟湖水便被灯光映射得五彩缤纷，似仙湖一般令人着迷。这些湖水再沿着玻璃台阶缓缓流下，被台阶底下的各式彩灯映衬成更加华艳的七彩瀑流。霓影、瀑流、时花、美客……画面流光溢彩，氛围如梦似幻。这是多么令人神往的“羊城夜花园”美景呀！

不过，由于云台花园的游客大多来自外地，他们在天黑后往往不方便留在花园里继续参观。考虑到花园的综合效益，云台花园平日便只开放到傍晚6点。想看到夜花园美景的朋友们，就要特别关注云台花园举办大型活动的时间了。每年“五一”、中秋、国庆、重阳、春节期间，云台花园都会举办一些精彩的大型园会。那时候，云台花园的开放时间往往就会延长，我们也能够看到云台花园的美丽夜景了。

为了体现“聚东西方园林建筑精华于一体”的建设理念，云台花园处处都努力追求着中西合璧的良好效果。

云台花园大门，既有西方古堡风格的庄严，又有中式廊桥风格的轻灵，还有紫白相间的醒目色彩。再加上一道彩虹般飞扬的门楣，使得花园在很远的地方就能够吸引住游客们的眼球。

进入花园后，除了飞瀑流彩的玻璃台阶，最引人关注的莫过于滟湖北侧的罗马柱廊了。半月形的罗马柱廊由36根白色巨柱组成。据园区工作人员介绍，每一根高达28米的石柱，都是由一块完整的岩石精工雕刻而成的。由于具有非常典型的欧陆古典风格，此处多年来已经成为广州地区新婚夫妇拍摄婚纱照时最常选择的取景地之一。

罗马柱廊的前方，有一个直径30米的圆形喷泉，喷高可达10米。宏伟的罗马柱廊与美丽的人工喷泉互相衬托，古典的庄严性与现代的科技风交相辉映。尤其是在上午阳光灿烂的时刻，柱石、喷泉、阳光、彩虹，如织锦彩缎般缤纷呈现，让人目眩神迷。

罗马柱廊东北侧约50米处，则被安放了一组造型夸张、古朴的图腾石柱群。这是建造者们借鉴苏州园林艺术中“花墙”的设计效果而做出的刻意安排，巧妙地将游客们的游兴向园林景观的深处引过去。而图腾石柱区本身，恰恰是云台花园另一个重要景区——岩石园的组成部分。

岩石园，因园中一块巨石上刻有“巍璞”二字，而被赋予了另一个非常典雅的称谓——巍璞园。“巍璞”，两个极为简洁的汉字，准确地道出了岩石最被人类景仰的两个宝贵品质：

巍，高耸、巍峨；璞，纯真、素朴。这个典雅的称谓，充分体现了云台花园“中西合璧”造园理念中的中华文化元素。

巍璞园里，有许多真石与假石，造型各异，奇态万状，真伪莫辨，生动地体现了园林设计者和建设者高超的艺术技巧，带给游客们许多神思遐想的空间。而代表远古文化的异域图腾柱，以及太阳广场、十二生肖石刻等，也是中西错杂，扑朔迷离，呈现出人类文明的丰富性与斑斓之美。

巍璞园东南侧，玻璃温室后面的山坡上，有一座重新修复的宋代古墓。它就是广州市重点文物保护单位之一的姑嫂坟。

姑嫂坟，相传是宋朝番禺何氏族人的一座家族坟茔。它的特殊之处在于，墓主人是两位身份分别为小姑和嫂嫂的年轻女性。

我们知道，小姑作为一个家庭的成员，一般来说都会出嫁，最终通常不会被安葬在自己家族的陵墓里。并且，姑嫂关系也是家庭人际关系中比较难以协调的关系之一。嫂嫂是从外面嫁进家庭里的女性，跟整个家庭需要逐渐熟悉、逐渐融入。而小姑则从出生到长大都在家庭内部，跟整个家庭关系十分亲密。一定程度上，小姑还会因为嫂嫂的嫁入，而在父母面前，甚至在哥哥面前自觉或不自觉地产生一些与嫂嫂争宠的念头。所以，很多时候一个家庭内的姑嫂关系并不容易协调。

然而，如今呈现在我们眼前的姑嫂坟的墓主人，作为一对姑嫂，死后却同穴而葬，可见她们生前关系的亲密程度。因此，这座坟茔就格外引人注目了。

据清乾隆十三年（1748）状元，曾于乾隆二十一年（1756）任广东乡试正考官，后官居湖广总督的梁国治考证：姑嫂坟的墓主人是番禺何氏茧庵公的四女儿季姑和儿媳妇施氏。茧庵公的儿子佥判公在朝为官，无法亲自照顾年迈多病的父亲。妻子和妹妹二人，便代行晨昏侍奉之责。其间，性行淳孝的季姑不仅与嫂嫂关系融洽，互相扶持，而且因目睹嫂嫂一个人侍奉老病的父亲时，往往力不从心，备尝艰辛，于是毅然做出决定，即使不出嫁，也要全力陪伴和帮助嫂嫂奉亲尽孝。在二人的悉心照料下，茧庵公怡然安度晚年，数年之后才去世。

茧庵公去世后，嫂嫂因为长期劳累和哀伤，不幸染疾。不久，竟也去世了。更令人不可思议的是，嫂嫂去世当日，本来身体一直很好的季姑，却在强烈的哀痛之中，遽然昏倒离世！这一对姑嫂的孝道与挚情，令整个家族都为之感动。因此，茧庵公的儿子佥判公决定打破女人不能安葬于自己家中的封建传统，将姑嫂二人合葬于白云山麓。这就是姑嫂坟的来历。

姑嫂坟的故事，在强调家庭和睦和家风建设的今天，仍然有着积极进步的意义。如果每个家庭的成员，都能够像故事中的两位主人公一样互相体谅对方的难处，都能够认真遵循基本的孝道和团结之义，那么整个社会的和谐就有了更加深厚的根基。这也许就是广州市将修复的姑嫂坟确定为重点文物保护单位之一的根本原因吧。

云台花园作为一座现代色彩浓厚的艺术园林，自觉地选择努力保存和维护好姑嫂坟这座修复的古迹。这无疑是建设者们践行“中西合璧”的建园初衷的又一个重要举措。

作为全国最大的园林式花园，对园中花木的栽植和养护，当然是云台花园管理工作中极其重要的一个方面。为了体现“汇国内外四时花卉于一园”的建设理念，云台花园也做出了许多细致的安排。

位于姑嫂坟左前方的玻璃温室的建造，显然就是这一建设理念的又一重要体现。

云台花园的玻璃温室是作为一个袖珍式热带植物园进行建设的。它的设计，既希望尽可能多地汇集国内外四时花卉，又要充分利用好岭南亚热带气候的独特优势。因此，温室内按植株的高矮，划分为高、中、低三个不同的功能区，分别建设为棕榈区、仙人掌与多浆植物区、兰花区。

许多珍奇的热带、亚热带植物，如黑桫椤、老人葵、帝王椰子、红刺林投、麒麟簕、龙舌兰、卡特兰、万代兰等，便在这个小型的热带植物园里尽情地展现着它们美丽的姿容，使得许多不远万里而来的游客连赞“大饱眼福”；也有一些国内的优秀品种，如兰花区里的不少珍贵国兰，则让许多岭南游客声称“闻所未闻”。

生动体现了“汇国内外四时花卉于一园”建设理念的，还有玫瑰园。

玫瑰园，位于岩石园东南侧，园内种植有众多不同品种的现代玫瑰，也有一些不同品种的月季花和蔷薇花。

据说，玫瑰原产地不在中国，但早在西汉张骞通西域的时代，玫瑰便通过活跃的中外文明交流来到了中国。中华民族可谓用了最大的热情来拥抱玫瑰花的到来，因为中国人慷慨地用先秦时代一种珍贵宝石的名字为玫瑰花命名。

大家只要认真关注一下“玫瑰”这两个汉字，就会发现其中的奥秘：原来，“玫瑰”二字，是所有植物名称之中少数没有使用“草字头”或“木字旁”汉字的词汇之一。“玫瑰”这个词使用的是本来应该用来代表珍贵宝玉的“王字旁”汉字。其根本原因就是，“玫瑰”二字在西汉之前原本并不是指植物，而是指一种极为珍贵的美玉。直到美丽的玫瑰花来到中国后，中华民族才将最美好的、代表珍贵美玉的“玫瑰”二字用来称呼玫瑰花。

与“玫瑰”相似，月季花名字中的“月季”二字，也没有使用“草字头”或“木字旁”。但它的命名原因却比较简单，只是因为它月月都开花，季季都开花，所以就叫月季了。

既然已经说到了玫瑰和月季，我们不妨就来聊一聊玫瑰、月季和蔷薇这三种美丽植物之间的异同吧。

玫瑰、月季、蔷薇是同属蔷薇科蔷薇属的不同种类，这三种花长得实在是太相似了，以至于不少人都把它们混为一谈。

例如，每年2月14日情人节，许多人都手捧大把的玫瑰花送给自己的爱人。可如果我们认真去追究，则会发现这些人手里拿的很多都不是玫瑰。因为玫瑰花的花期是每年的5—8月。情人节那天，市场上很难买到玫瑰花。

不信，你把情人节那天买到的玫瑰花凑到鼻子前闻一闻，可能不会有什么香味。因为情人节那天能买到的所谓“玫瑰花”，其实可能只是没有任何香味的月季花而已。而玫瑰花则有一股浓烈的芳香。人们说“赠人玫瑰，手有余香”，这话不无道理。

那么，怎么样才能区分玫瑰、月季和蔷薇呢？

首先，花期不同：玫瑰和蔷薇都只在春末和夏季开花。而月季则几乎全年都在开花，甚至冬天下着雪的天气，也能够看到一些月季在凌寒盛放。

其次，香味浓淡不同：玫瑰很香，蔷薇比较香，月季则几乎没有香味。

然后，花朵的大小、数量不同：玫瑰一根花枝上通常只开一朵比较大的花。月季一根花枝上能开出三至五朵花，花形也较大。蔷薇则一根花枝上通常开出十余朵较小一些的花朵。

最后，三者的枝刺也不一样：玫瑰为直刺，蔷薇的刺带一点倒钩，月季则几乎是倒钩形枝刺。

如果拿上述标准去认真辨别云台花园玫瑰园里的“玫瑰”，我们就会发现，其中不少是月季和蔷薇。当然，由于现代园艺技术的不断进步，许多现代玫瑰都已经杂交了月季和蔷薇的基因。因此，三者的区别确实是越来越不明显了。在这样的大前提下，我们把它们都笼统地称为“玫瑰”，也不算有太大的不准确。

除了玻璃温室和玫瑰园，云台花园里还可以见到许多中外珍奇植物。比如，花园里大量种植的金花茶、杜鹃叶山茶，都是我国在最近几十年才新发现的珍贵园艺植物；花园里不少地方可以见到澳洲火焰木、银叶金合欢等；而玫瑰园艺术花架廊上的10多株金杯藤，则原产于中美洲。云台花园里，一年四季各种珍奇植物争奇斗艳，可谓美不胜收。这些都是“汇国内外四时花卉于一园”建设理念的具体体现。

“纳国际友邦情谊于一圃”，是云台花园的第三个建设理念。这一理念的最集中体现就在于谊园的建设。

谊园，位于滟湖的西侧，是作为世界和平与友谊的见证，作为广州市外交成果体现的重要展示窗口来设计建造的一座纪念性园林。谊园的中心是一座高达10米的大型地球石雕。粉色的石雕上面，刻有和平鸽、橄榄枝、人类图腾、海洋、鱼类、祥云等各种安宁静谧的图案。显然，这些都象征着世界和平的永恒与珍贵。

石雕的四周，则分布着许多已与广州市缔结为友好城市的国际友城的市花，以及它们所在国家的国花。这些远涉重洋而来的美丽市花和国花，象征着人类友谊的美好，也象征着广州老百姓与国际友城人民，以及它们所在国家人民的深情厚谊。

同样是基于纪念园林的性质，地球石雕的周围还分布着许多国际友城赠送给广州市的纪念礼物。这些礼物往往是一些典型的代表该国际友城文化个性的珍贵艺术品。例如，德国法兰克福市的苹果酒酒瓶模型；日本福冈市的三人舞姬雕塑；英国布里斯托尔市的“小羊肖恩”雕塑、“阿尔弗烈德猩猩”雕塑；秘鲁阿雷基帕市的白色火山石斗牛雕塑；美国洛杉矶市的指向路标；加拿大温哥华市的日晷；韩国光州市的“广州路”路牌；瑞典林雪平市的土著小木屋；等等。而新西兰奥克兰市送来的土著毛利人木雕，因为担心日晒雨淋，则被摆放在醉华苑的插花室内。

迄今，谊园里共摆放着来自13个国际友城的18件珍贵礼物。所有这些礼物，都生动地象征着广州市与世界各友好城市之间的深厚友谊，也深刻地象征着全人类和平与友谊的美好。

谊园的周围，还种植了不少由世界各友好城市的市长或者是他们的代表亲手栽种的广州市树——木棉树。这些饱含着象征意义的木棉树，已经真正成为联结广州市与许多国际城市友好情谊的友谊树了。

“纳国际友邦情谊于一圃”的建设理念，充分展现了广州市积极投身改革开放事业、积极拥抱世界文明的决心与气度。在广州城越来越现代化、越来越繁华兴旺的今天，人们对于改革开放和拥抱世界的追求更加迫切了。因此，中外游客前来云台花园观光、打卡、感受中外友谊的热情也更加高涨了。这种“积极拥抱世界”式的热烈氛围，也是我们把云台花园认定为“奢华云山”第一站的重要原因之一。

2 ◎ 白云索道

（约20分钟）

踏出云台花园大门后，只需往北行走不到10分钟，我们就到达了曾经属于奢华享受，如今却已经演变为平民化消费的白云山著名旅游配套设施——白云索道的售票口。

白云索道，是全国最早兴建的景区索道之一。早在1984年4月16日就已经动工建设。1986年2月5日，白云索道正式建成通车。刚开始运营时，索道票价是25元一张。对于当时的市民收入来说，这个票价还是相当昂贵的，大约相当于当时普通人一个月工资的三分之一。但因为白云索道实在是当时全国都比较稀罕的高档旅游设施，所以一开业就吸引了全国各地的游客前来一尝新鲜。虽然当时白云索道的最大运载量已经达到了每小时1200人，但每逢节假日，索道口仍能看到许多正在排队等候乘坐的游客。

难能可贵的是，从开业到现在40年时间，白云索道也没有涨过一次价。至今，票价仍然是25元一张。这就使得原来算是高端奢华享受的白云索道，逐渐成了多数广州市民都能够消费得起的普通旅游设施。

如今，白云索道的最高运载量已经提高到每小时1400人。

但每到节假日，在白云索道门口排队等候乘坐缆车的乘客还是可以用“人山人海”来形容。我们家曾经在一个国庆假期试乘过一次，排队等候的时间长达整整一个小时！

白云索道上下站之间的高度差为198米，索道全长为1617米。游客乘坐索道，只需要6分钟左右，就能够从山脚直达山顶广场。翻山越岭，瞬间变得如履平地。这对于许多扶老携幼来登山的市民家庭来说，实在是太方便了。难怪即使经常要排长队，游客们也还是愿意等候乘坐。

与白云索道相类似的，还有白云山景区内许多方便游客随时乘坐的游览电瓶车。它们也是40多年来从未涨过价。正是它们，和白云索道一起，共同构成了白云山相当便民的景区内交通设施体系，使得游览白云山成为一件十分平常和惬意的户外享受。这套从高端奢华逐渐演变而来的景区内便民交通设施体系，已经成为白云山的一个重要特色，让许多前来游览的外地游客羡慕、赞叹不已。

2004年3月9日至9月10日，已经运营了将近20年的白云索道停业半年，进行全面升级改造。改造后的索道为单线循环脱挂式8人吊厢索道。单厢可乘坐的人数比原来更多，运行速度也更快。再加上随着市民收入的逐渐增长，白云索道票价的奢华程度已经相应下降。因此，白云索道吸引的游客，尤其是广州本地的市民游客就更多了。

白云索道的乘坐感受非常舒适：吊厢内装有柔和的照明灯

具，还有先进的音乐播放设施，吊厢的视野也非常开阔。索道运行期间，游客们既可以惬意享受优美的音乐，又可以悠然欣赏满目葱茏的山林景色，还可以凭厢远眺现代化的羊城美景。因此，白云索道不仅是游客们代步登山的便利交通工具，也是欣赏云山秀色和摩登羊城的最佳空中视角。

古人说："春山澹冶而如笑，夏山苍翠而如滴，秋山明净而如妆，冬山惨淡而如睡。"春夏秋冬，从白云索道上俯瞰整座白云山的山容山貌，肯定也是各不相同的。只是，我们必须在自己心灵宁静的时候，才能够欣赏到它们之间的细微差别。而心灵宁静，不正是我们攀登白云山最期望收获的效果吗？

3 ◎山庄旅舍

（约120分钟）

从白云索道上方的站台走出缆车，我们就到达了“文化云山”中曾经抵达过的山顶广场。从山顶广场沿云山中路前行约1.9千米，便来到了我们在“文化云山”行程中有意按下未表的一处奢华美景——山庄旅舍。

山庄旅舍到底有多奢华呢？我们不妨先来看看它在建筑领域所获得的高度认可。

1991年，山庄旅舍和白天鹅宾馆、西汉南越王博物馆一起，被载入英国出版的《世界建筑史》。这在当时的建筑界可是很高的荣誉。广州那么多建筑物，能够载入其中的，也不过寥寥数处。

1993年，建成将近30年的山庄旅舍，荣获中国建筑学会“建筑创作奖·优秀奖”。这充分说明这座建筑的设计创作之成功，是经得起历史检验的。

2016年9月29日，中国文物学会、中国建筑学会联合公布了“首批中国20世纪建筑遗产名录”。20世纪整整一百年，全中国所有建筑物中，只有98座入选了该名录。山庄旅舍不仅光荣入选，而且排名第63位。这又是建筑界非常高的荣誉。

2022年，山庄旅舍被广州市认定为第一批历史建筑之一（编号GZ-01-0054）。从“历史”的角度来说，山庄旅舍入选历史建筑，其实显得有点年轻。毕竟迄今为止，它的建成历史连60年都还没到。但它为什么有资格被认定为广州市第一批历史建筑呢？这显然与它创作设计的成功和它所经历的许多历史现场有着密切的联系。

对于山庄旅舍为什么能够取得如此多、如此高级别的认可，许多资料从建筑专业的角度做过详尽的介绍。我们不是建筑方面的行家，在这里无法做出太多细致的分析。只能总体归纳如下：

山庄旅舍，是为了接待进出中国南大门（广州）的贵宾，由广州市政府在白云山上打造的一座高规格旅舍。由于设计规格之高，山庄旅舍建成之后，人们经常称其为“南国的中南海”“广州的国宾馆”。时任中共中央中南局第一书记兼中共广东省委第一书记的陶铸亲自为山庄旅舍选址，并得到周恩来总理的批准，于1962年开始筹建，1965年建成投入使用。

我国著名建筑设计大师、中国工程院院士莫伯治（1915—2003）受命主持设计了这座著名的建筑。莫先生将中国传统庭园艺术“藏而不露、缩龙成寸”的创作手法，巧妙地运用到现代庭园建筑的设计之中；将大自然的宁静、和谐、素朴等氛围，自然而然地融入人工的庭院景物之中；在经济条件和建筑学术条件都很有限的20世纪60年代初，成功地演绎出了中国优秀传统园林文化中“相地合宜、构园得体”的科学理念，取得了令人瞩目的成就。因此，这是一座值得我们高度关注的当代建筑艺术精品。从建筑艺术的角度来说，山庄旅舍毫无疑问是奢华中的超一流作品。

山庄旅舍分前庭、中庭、内庭三部分，每一部分都有非常细致的设计思考。网上有一段莫伯治本人对这些设计思路的自述，对于我们欣赏山庄旅舍的建筑艺术，应该是最本色的引领了。莫伯治介绍说：

从前门进入前庭，组景以豁口山池为主题，环境空阔高旷，池北高处建餐厅，体型狭长，窈窕轻巧，作船厅形，可以俯览前庭，绕池古木扶疏，低丫拂水，池东西为山林坡地，整个前庭清虚疏朗，富于山林野趣。是为序列的第一段。

循坡道绕船厅东侧转至中庭，规模较前庭缩小，餐厅蛰伏于庭南，旅社客房则高踞北首，前后连以爬山游廊，高低衔接，蜿蜒有致，东西两侧为陡坡密林，空间较前收束，建筑比重较大。是为序列的第二段。

从中庭拾级而登，穿过门厅，转入内庭，为一封闭性庭院，规模较中庭进一步缩小，空间亦进一步收束，石岸溪桥，树木掩映，遥岭叠翠，云影波光，绕池建筑前低后高，参差错落。是为序列的第三段。

（需要注意的是，不知何故莫伯治这段自述中的方位并不准确：莫伯治认为山庄的方位是坐北朝南，但实际情况是坐西朝东。）

从莫伯治的上述介绍中，我们可以看出，山庄旅舍所处的山谷其实并不是特别平坦，也不是特别开阔，但莫伯治团队不是简单地嫌弃它的崎岖、狭小，而是通过出神入化的艺术构思，将整座建筑巧妙地依山而建，随溪而置，深藏在幽曲的山谷之中，将宝贵的自然环境利用到极致。

有一点让人印象非常深刻的是，即便山庄旅舍已经存在将近60年了，但很多游山的游客愣是一次也没有走进去过。包括笔者的许多朋友，在跟随我们游山的过程中，也经常是人都已经走到山庄旅舍门口了，照样迈步只管往前走，一点也没有想起来要到山庄旅舍里面去看一看。

倒不是山庄旅舍不允许游客进入。早在20世纪90年代，山庄旅舍就已经是一座面向社会，随时都欢迎普通游客用餐和入住的生态园林型酒店了。那么，是什么原因让许多游客都没有注意到山庄旅舍的存在呢？原来，是莫伯治当年设计时，“藏”的功夫实在太到家了。即使是现在，很多普通游客站在山庄旅舍门口，也看不出里面竟然藏着这么顶级奢华的建筑群落。

可见，经过莫伯治和设计团队的认真构思，整座山庄旅舍确实巧妙地利用了大自然的有利条件，在经济条件有限的前提下，营造出了相当奢华的建筑艺术效果。因此，有建筑学家曾评价说："中国现代建筑，并无出其右者。"这个看似有些夸张的评价，其实很好地说明了建筑界对莫伯治及其团队所取得的巨大成就的充分肯定。

山庄旅舍的成功，除了莫伯治的设计构思起了很大的作用以外，跟它所处的特殊地理位置也有很大的关系。

山庄旅舍所在的地方，原本叫"月溪寺"。早在900多年前，苏东坡的后裔、南宋太尉苏绍箕，便将这里选定为家族宗祠的所在地。在讲究"风水"的古代，这肯定不是偶然的。尤其是在900多年前，广州地区的交通条件也好，白云山本身的交通条件也好，都远远不如今天方便。但居住在今广州天河区车陂村的苏氏家族，却不辞辛劳，专门选择远离他们聚居村落的此处作为家族宗祠的所在地，并且近千年来未曾有过任何改易。显然，他们是经过认真评估，确认此处是非常难得的"风水宝地"的。

以现代建筑选址的观念来看，山庄旅舍所处的位置确实十分优越。此处三面环山，前临深谷；台基坚牢，前瞻辽阔；林深草茂，但山势又不是过分险峭；后面有一条山溪蜿蜒而下，为旅舍带来四季的润泽，也带来天籁般的叮咚韵律；蓄山溪而成的小水塘——月池，千年不竭，溶溶漾漾；春日映花，秋夜涵月。这一选址更是为山庄的整体环境氛围带来了无穷无尽的灵气。

地理位置的优越和莫伯治团队巧夺天工的设计，共同构成了山庄旅舍超一流的奢华格调。但必须强调的是，当我们为山庄旅舍的美妙氛围所沉醉的时候，其实还有一方面的因素，也是构成此种沉醉氛围的重要原因。那就是莫伯治团队根据陶铸“要选取岭南最好的花、最好的树在这里种植”的指示，在设计中对中国传统文化植物元素的娴熟运用。

山庄旅舍里种着很多中国传统中极具代表性的文化植物，它们营造出浓厚的传统文化氛围，进一步凸显着山庄旅舍的超迈与奢华。

其中，首屈一指的，莫过于巧妙布置在内庭的3棵（原为4棵）丹桂古树。丹桂是桂花中最浓香的精品，古人建造园林时非常讲究合理布置丹桂。因为丹桂浓香馥郁，“自是花中第一流”（李清照语）；名为“桂”，谐音富贵之“贵”；其木纹与犀角相似，故又被称为“木樨”。

这几棵丹桂古树，是山庄旅舍建设初期就已经种植好的，迄今至少有60年树龄了。每年中秋前后，丹桂如约盛放，整个山庄都被一片浓香所笼罩。有时，顺着风势，站在山庄大门口都能够闻到馥郁的花香。许多山庄的熟客都是计算着丹桂花开的时令，专门前来探访山庄旅舍的。丹桂花期很短，每年只有一个星期左右。但对于山庄旅舍的铁杆拥趸来说，这每年一个星期的丹桂花期，就是他们和山庄旅舍约会的良辰吉时。

山庄旅舍的管理者们也非常善于利用丹桂的魅力。每年丹桂花开时，他们都会把花枝插满餐厅、前台、走廊等各处，让丹桂的芬芳更进一步与客人们亲近，让客人们充分享受这一年仅有一次的极致奢华！此外，他们还会非常认真地收集、晒干开败的丹桂花，用来制作丹桂花茶、丹桂美馔，让有机会享受到的客人都大呼珍贵，久久难忘。

山庄旅舍第二种让人印象极为深刻的文化植物，是种在内庭靠近三叠泉贵宾房的一棵百年辛夷花。

关于辛夷花，我们在“研学云山”中做过介绍。山庄旅舍这棵百年辛夷花的独特之处在于，它原来是种在北京故宫里的几棵珍贵树苗之一。辛亥革命胜利后，作为推翻皇权的象征，它被运至广州。山庄旅舍建成后，它又被移栽到山庄旅舍的中庭。至今，树龄已经120岁以上，但仍枝叶婆娑。每年1—2月，都会开出满树灿烂的紫红色花朵，让许多游客流连、赞叹。

辛夷花作为玉兰的一种，在中国传统文化里也代表着“玉堂富贵”的意蕴。因此，在古代贵族家庭的庭院或者各种高级别的园林园囿里，人们都特别喜欢栽植辛夷花。莫伯治把它设计栽植在整座山庄最高端的客房——三叠泉跟前，无疑也是为了进一步凸显山庄旅舍的尊贵与奢华。

我们必须在山庄旅舍关注的第三种重要文化植物，是位于餐厅北侧路旁山坡上的一棵含笑。

含笑，又名“含笑美”“笑梅”“含笑梅”等，因其浓郁厚重的香味略似熟透的香蕉，也叫“香蕉花”。总体来说，含笑是一种以灌木形态为主的植物。但山庄旅舍这棵当年由陶铸手植的含笑，经过将近60年的生长，已经长成了一棵乔木形态的大树，颇为壮观。

我们在“文化云山”中曾经提到，苏东坡来到白云山才几天时间，就注意到白云山上有许多野生的含笑花，并且把它写进自己的诗歌里（“而今只有花含笑，笑道秦皇欲学仙”）。陶铸决定在山庄旅舍里亲手种植含笑花，或许也是受到苏东坡诗歌的影响。

如今，这棵象征着白云山历史、文化以及红色印记的含笑花，长势依然十分旺盛。每年春末到秋深，都会开出很多芬芳的含笑花，迎接着每一位山庄旅舍的尊贵游客。我们作为山庄旅舍的拥趸，则应该充分了解这棵含笑的历史、文化底蕴，更多地与它展开精神交流。这才不会辜负这棵含笑历经60余年的努力成长为我们展现出来的美好姿容。

山庄旅舍第四种值得我们认真关注的文化植物，是山茶花。

山茶花，是“中华十大名花”之一，历史上一直受到中国文人的高度关注。山茶原产于中国，又受到世界各国人民的共同喜爱。因此，种在以接待中外贵宾为职责的山庄旅舍里，确实十分合适。山茶又是相对喜阴的植物，山庄旅舍的山地环境也特别适合山茶的生长。因此，每年11月到次年3月底，山庄旅舍的山茶花都开得特别茂盛，吸引着许多山茶花爱好者专程前来观赏。山庄旅舍也曾经多次举办山茶花节、山茶花摄影比赛等活动，为扩大山庄旅舍的影响起到了很好的作用。

然而，山庄旅舍的山茶花，却不是莫伯治设计之初就已经种植在山庄旅舍的，而是在20世纪90年代，才由当时的管理者引进，并种遍了山庄旅舍的各个角落。如今，山庄旅舍的山茶花共有50多个品种、1000多株，其中有“五色芙蓉”“十八学士”“白雪塔”“探春”“水晶白”“绿花茶”“赤丹”“小桃红”“五色红”“连城红”等多个名贵品种。每年花开时节，经常引得许多山茶花的花友徘徊流连，不忍离去。

除了上述四种著名的文化植物以外，山庄旅舍还种植有许多其他品种的中华传统文化植物，如石菖蒲、木棉、杜鹃、紫藤、枫香、禾雀花、米仔兰、白兰、栀子花、文殊兰等，以及山庄大门口两棵已经分别独木成林的高山榕。因篇幅关系，在此无法一一介绍了。所有这些文化植物的栽植，都是围绕山庄旅舍的高端奢华氛围进行设计的，而不是随手栽种，任其自生自灭的。我们司空见惯的许多文化植物，其实都有着特殊的寓意，只有读懂了它们，我们才能真正理解当初建设者的苦心。

例如，山庄旅舍里，随便一株芭蕉树，就寄寓着“大叶（业）有成”的吉兆，让那些正在为自己的人生事业奋力拼搏的住客看得心花怒放；随便几棵石榴（多子）、杨桃（多孙）、铁冬青（万紫千红）等植物，也都寄寓着“多子多孙、家族兴旺”的美好祝福，让心有所感者见之欣然。这些都是中国传统造园艺术的细节美，需要我们每一个欣赏者细心去观赏、去接纳。这样，才能对得起设计者精心的构思。

山庄旅舍建成后接待的第一位贵宾，是中国共产党的缔造者之一、中华人民共和国原副主席董必武。1965年3月，董老两次下榻山庄旅舍。他非常赞赏山庄旅舍的设计，主动为山庄旅舍题写了匾额“山庄旅舍”。从此，山庄旅舍才正式定为今名。

董老还为山庄旅舍内庭的门厅题写了一副对联：“绿树多生意，白云无尽时。”这副对联既切合白云山绿色天然的总体环境氛围，又切合白云山云雾弥漫的名山特色，还写出了山庄旅舍的生机勃勃、意蕴无穷，因此成为传颂一时的名联。

关于这副对联，一些广府客人还将其解读为：董必武是在祝福每一位山庄旅舍的客人生意多多，白银无尽（广府方言，“云”谐音“银”）。这种另类解读，当然只是爱做生意的广府客人们的自我暗示、自我祝愿而已。但据说，有不少民营企业还是因此很喜欢把公司的年会、营销推介会等放到山庄旅舍举行，以祈愿生意兴隆、财源广进呢！

1965年5月28日，山庄旅舍迎来了建成之后的第一次国事活动。周恩来总理、陈毅副总理在山庄旅舍天然厅，与印度尼西亚第一副总理兼外长苏班德里约举行会谈，双方签署了两国联合声明。

此后，山庄旅舍曾先后迎来过贺龙、张云逸、郭沫若、邓拓、吴晗等多位重量级贵宾。

1977年11月，复出后的邓小平来到山庄旅舍小住。2008年，为庆祝改革开放30周年，中央电视台曾专门到山庄旅舍拍摄实景，记录邓小平在这里思考的印记。

2001年后，江泽民、胡锦涛、朱镕基等党和国家领导人，都曾莅临山庄旅舍，并对山庄旅舍的环境、建筑、文化氛围等赞不绝口。他们的足迹，使得山庄旅舍“南国钓鱼台”的称号更加名副其实。

4 眺望亭 —— 白云飞索

（约40分钟）

走出山庄旅舍后，迎面见到一座临谷而建的别致小亭，名为“眺望亭”。此亭名字不算太新奇，但题名之人却是被誉为“广东书坛泰斗”的秦咢生。因此，我们也不禁对它另眼相看了。

站在眺望亭上，可以远观广州城东北面的辽阔景象。许多住在山庄旅舍的客人，早晨起来，便来到这里观日出，沐朝霞，眺望、欣赏晨光熹微中的广州城现代化景观。亭子虽然不大，但在懂得运用好它的人们眼里，确实颇有一种“极目南天”的舒爽感觉。

说起来，住在山庄旅舍，本来是一种格外清幽静谧的山居体验。而在眺望亭极目远望，却在有意无意之中，又遥遥返回了尘世的热闹与喧哗。山居和俗尘，在若即若离之间悄然摆渡，这种感觉也是挺特别的。

离开眺望亭，沿云山中路直行约880米，到达荡胸亭附近之后，再折回云天北路往前630米处，就是白云山上近几年刚刚热闹起来的奢华“网红”景点——白云飞索。

白云飞索，于2019年3月正式建成开放。全程从摩星岭北侧的云天北路上站，先飞越至云山北路1号（A段），再从云山北路1号，飞越至黄婆洞水库西北侧的下站（B段）。全程长度1500米（其中，A段500米，B段1000米），落差200多米。

飞索运动是一项利用自然落差和惯性的现代挑战性户外运动项目。由于需要在高空中高速滑行，最高速度可达到每小时120多千米（全球最高时速更是有170多千米），对参与者的胆魄和身体素质都是一个不小的挑战。因此，近年来它越来越受到新一代勇于挑战自我的年轻人的推崇，成为风靡世界的挑战运动项目之一。如今，在国内外许多著名景区里都设置了这一项颇受热捧的身心锻炼运动。

飞索运动的前身是古人在跨越高山和穿越河谷时使用的交通工具——滑索。我国西南地区的许多少数民族都曾经广泛使用这种交通设施。部分地区甚至至今还保留着这项设施。这些山间滑索充分利用自然落差和惯性原理，实现高效率的物品运输或人员交通。这是一种古典智慧的体现，是一种对勇敢者的考验，同时也是非常实用的山区生活技巧和能力。

经过现代化的综合打造，如今，速度与激情同时绽放的飞索运动，已经成为一项主要供年轻游客快乐参与的极限挑战类娱乐项目。白云山继曾经红火过的单纯以高度落差取胜的蹦极运动（已歇业）之后，又迎来了速度和高度兼具的新型极限运动项目——白云飞索，这对于许多乐于挑战自我的年轻人来说，实在是一个极大的好消息。

现代飞索运动在借鉴古人智慧的同时，更加强调安全保障的周密：飞索的钢缆和站场，都是经过专门检测机构检测的，非常坚固；各种护具也一应俱全；每位游客上飞索之前，都有贴身教练细心教授他们基本的注意事项和动作要领，并为他们穿戴好护具；出发前还有专门的工作人员再一次检查护具是否正确穿戴；每天开始接待宾客前，还要先用沙包飞10趟，工作人员再飞10趟，确认没有问题以后，才能开门迎客。

目前，全世界最长的高空飞索在阿联酋拉斯海马市的哈伊斯峰，名为“天空飞行”，飞行距离长达3千米，飞行速度为120—170千米/时。这样长的滑行距离，这样高的滑行速度，加上哈伊斯峰险峭壮观的山崖美景，使得那里成了全球高空滑索爱好者和探险爱好者汇聚的乐园。

白云飞索是目前全中国最长的高空飞索，再加上白云山保护得非常好的绿色生态环境，使得它当之无愧地成为国内高空滑索爱好者和探险爱好者追求的胜地。难怪，很多年轻游客在这项既“网红”又奢华的极限运动面前都跃跃欲试。他们往往互相鼓励，积极尝试，体验灵魂的强烈悸动，勇敢地为自己的青春历程留下一抹极为精彩的身影。

与其他地方的飞索项目相比，白云飞索最大的优势在于，白云山一年四季都无比青翠葱郁，因此乘白云飞索凌空飞越的过程中，我们可以用一种独一无二的视角去巡视岭南特有的生态美景，可以看到人们在平地行走时观察不到的白云山辽阔、苍翠和壮美的一面。这种滑翔在丛林之上，俯瞰着不同方位的山容山貌不断快速变幻的感觉，确实非常令人着迷。

尤其是飞越的后半程，还可以看到波光粼粼的黄婆洞水库在我们眼前闪烁。每天下午，烂漫的晚霞陪伴着飞索运动员们，黄婆洞水库中的斑斓倒影，像世外桃源般扑朔迷离，一种像鸟儿一样“越飞越高”的自豪感油然而生。这才是每一位追求勇敢者最享受的时刻。怪不得有些游客飞越过一次之后，隔不了多久又会再来体验这种灵魂沐浴般的快乐感受。

自从有了白云飞索，许多结伴游赏白云山的山友们又增加了一种挑战自我的快乐选择。白云山正以其年轻、现代、勇毅的崭新面貌，展示着其又一高端奢华的迷人魅力。

5 翠竹园 —— 逸林酒店

（约60分钟）

从白云飞索的下站出来，右侧就是隶属于白云山明珠楼景区的、位于黄婆洞水库西北面的翠竹园。

翠竹园，占地面积5.8万平方米。这是一处利用白云山早年种植的大片竹林，以及黄婆洞水库库区下游溪涧发达等优越的自然生态环境，以“竹林、曲径、流水”为主题，通过生态和景观改造相结合、适度进行人工叠石及理水等手法，对园内自然溪流、人工山石、浅滩水景及人行步道等进行合理改造，从而营造出来的竹影婆娑、曲径通幽、溪水潺湲的悠然景致。“涧水泠泠声不绝，溪流茫茫野花发”，可谓是翠竹园景区异于白云山其他景点最大的特色之一。当然，翠竹园的主角是那一丛丛挺拔青葱的翠竹。

在中国，几乎每一处古典园林里都离不开竹子的身影。因此，在以山地林木景点为核心的白云山总体景区体系中，翠竹园的建设可以说既是中华传统园林文化的回归，又为游客们创造了一个令人耳目一新的游览新天地。园内现有粉单竹、黄金间碧竹、玉韵竹、琴丝竹、青皮竹等多个品种。其中最引人注目的，是全世界最大的竹子品种——巨龙竹。翠竹园里的数丛巨龙竹长势旺盛，其庞大的身躯、高耸的英姿，让其他种类的竹子都相形见绌，常常吸引很多游客驻足围观。

我们知道，除了非洲和南美洲有极少量的野生竹子品种以外，只有东亚、东南亚和印度洋及太平洋岛屿上，原生态的竹子分布最集中，种类也最多。中国是世界上竹类品种资源最丰富的国家。竹子的这种自然分布范围，与人文范畴中的“儒家文化圈”的范围，有着令人惊叹的重合度。事实上，千百年来，竹子确实始终伴随着中华文明同生长、共鼎盛。

著名科学家李政道曾经指出：中国人最早的科技发明不是指南针，不是造纸术，不是火药，不是印刷术，而是筷子！这个论断再一次说明了竹子与中华文明之间的悠远又密切的联系。

英国著名科学史专家李约瑟则指出：中国古代的文明，完全可以被概括为“竹子文明”。

正因如此，近年来一些针对欧美受众的自媒体，在向西方人推介中华文化时，往往将竹林场景、竹工艺品制作、竹食品风味等作为宣传素材的重要元素。用这些西方人日常生活中基本上闻所未闻、见所未见，因而更加引人好奇的事物，来加深西方人对中华文化的印象。

综上所述，从文化研学的角度来说，白云山的翠竹园，其实也完全可以成为“研学云山”行程中的一个绝佳场所。当然，今天我们的“奢华云山”行程来到翠竹园时，大家一样也会大有收获的。因为，我们将获得许多青青翠竹带给我们的精神层面的极致奢华享受呀！

在中华传统文化里，竹是君子的象征，与梅、兰、菊并称为植物中的“四君子”，与松、梅并称为“岁寒三友”。在传统文化中，竹子具有挺拔、坚定、中空、苍翠的特色，是人类高雅、正直、纯洁、清高、虚心、关情、劲节等精神人格的美好象征。因而，古典文学作品中有着大量赞美竹子的名篇佳句。例如：

水能性淡为吾友，竹解心虚即我师。——唐·白居易

宁可食无肉，不可居无竹。无肉令人瘦，无竹令人俗。——宋·苏轼

未出土时先有节，便凌云去也无心。——宋·徐庭筠

咬定青山不放松，立根原在破岩中。千磨万击还坚劲，任尔东西南北风。——清·郑板桥

乌纱掷去不为官，囊橐萧萧两袖寒。写取一枝清瘦竹，秋风江上作渔竿。——清·郑板桥

衙斋卧听萧萧竹，疑是民间疾苦声。些小吾曹州县吏，一枝一叶总关情。——清·郑板桥

一节复一节，千枝攒万叶。我自不开花，免撩蜂与蝶。——清·郑板桥

所有这些优秀文学作品，都充分说明竹是中华各种植物文化中历史最悠久、影响最深远、个性最鲜明的组成部分之一。翠竹园里现在已经建起了一面歌颂翠竹精神的石刻景观墙，展示了苏东坡、郑板桥、毛泽东等人的一些相关作品。待管理进一步精细化之后，相信更多关于竹文化的细节将会在这里得到更加生动细致的体现。到那时，白云山翠竹园一定会成为游人们更加流连忘返的美妙园区。

离开翠竹园后，沿外语学院南路前行约1.2千米，道路左侧有一片风格统一、造型醒目，总体呈倒“工”字形结构的宏大建筑群。建筑群的外墙为温暖的米黄色调。墙面上镶嵌着数朵巨大的红色牡丹花雕塑，中华传统“富贵花开”的文化寓意可谓不言而喻，使得建筑群在触目之初便给人一种富贵奢华的强烈印象。

白天，两行亭亭玉立的大王椰子树，挺拔地站立在建筑群的正前方，犹如两排端庄肃穆的盛装卫士，正在尽心尽职地守卫着身后的建筑物。这两排特色鲜明的绿植设计，既衬托出眼前建筑群的豪奢气派，又尽显岭南亚热带风光的浓郁氛围。

夜晚，一排排精心设置的洁白射灯从不同的角度将光投射到建筑群的外墙上。原本柔和温暖的米黄色，此时营造了一种温馨浪漫的童话氛围。整座建筑宛如一座笼罩在星光璀璨之中的迷人城堡。

看得出来，这应该是一座有来历的建筑。

事实上，它也确实有来历。它就是离白云山最近的山水园林酒店之一，也是广东省和广州市政府的会议定点服务酒店之一——广州逸林假日酒店。

为满足现代游客注重自然、和谐格调的愿望，逸林酒店在兴建之初，便专门选址于满目葱茏的白云山脚下，使酒店整体为大面积的生态环境所环抱；推窗见景，为宾客们珍藏起一片在现代城市高楼大厦群中极为难得的天然风光；一年四季，始终都沐浴在富含负离子的清新空气之中，让从繁华都市中到来的客人们，尽情享受着依山傍林、绿荫环合的悠然与宁静。

这是一种准确契合现代人回归自然的愿望的选址理念。这种理念，再加上酒店鲜明的生态经营思维："距璀璨不远，离自然更近""白云山下的生态酒店，繁华都市的天然氧吧"，说明经营者非常清楚自己所处的地理优势，也一直都在努力地利用着白云山宝贵的自然环境资源，希望能为客人们提供更多更好的亲近自然、享受自然的机会。

在城市化发展越来越迅速的今天，人们的日常活动范围越来越远离大自然，因而人们的生活越来越单调、枯燥，情绪越来越焦虑、浮躁。这个时候，必要的自然疗愈对于每一个人来说格外重要。通过疗愈，才能回归心灵的宁静；通过疗愈，才能回归心灵的平衡、谦和与务实。正如林语堂所言："大自然本身永远是一个疗养院。它即使不能治愈别的疾病，但至少能治愈人类的自大狂妄症。"

因此，处在以现代城市化氛围为主导的时代，任何一家能够给自己的客人提供宁静、美丽、和谐的自然环境的酒店，无疑都具有无可替代的竞争优势。逸林酒店手握贴近云山的优势，又自觉营造回归山水园林的自然氛围，当然会让许多热爱自然、寻梦自然的宾客青睐有加了。

《云山七日精粹行》本质上正是在为白云山的众多拥趸提供一种阅读云山、享受云山、回归自然与宁静的快乐指引。

从这个角度来说，找到一家适合大家静下心来，悠游沉浸于自然，深度品味云山的酒店也很重要，毕竟白云山不是一天就能够游赏完毕的景区，对于许多来自外地的游客来说，更是面临着应该选择在哪里住下来，才能更方便接下来继续游览的问题。

当然，诗意的生活来自诗意的打造。对于那些刚刚读完《云山七日精粹行》，尤其是“奢华云山”行程之豪爽超迈的游客来说，无论是山庄旅舍式的深山栖居，还是逸林酒店式的背山面林、拥抱自然，都需要我们每一个游客去品鉴、去读出自己的独特感受。

愿每一位读过《云山七日精粹行》的朋友，都能够对我们身边无比珍贵的“千年南粤，无尽云山”有着更加切身的体验，从而心情更加愉悦，生活更加惬意！

（本线路总耗时约六小时）